CONGRÈS NATIONAL DE PATRONAGE DES LIBÉRÉS
BORDEAUX (25-26-27-28 mai 1896).

ENQUÊTE SUR LE PATRONAGE

SOUS LA DIRECTION

du Bureau Central

DE

L'UNION DES SOCIÉTÉS DE PATRONAGE

DE FRANCE

INTRODUCTION

PAR

ALBERT RIVIÈRE

SECRÉTAIRE GÉNÉRAL DE LA SOCIÉTÉ GÉNÉRALE DES PRISONS

ANGERS. — IMPRIMERIE A. BURDIN

1896

BUREAU CENTRAL
1896

PRÉSIDENTS D'HONNEUR

MM. **Ch. Petit**, conseiller à la Cour de cassation, ancien président du Congrès de Paris et de la commission permanente.

Jules Simon, sénateur, membre de l'Académie française.

PRÉSIDENT

M. le Dr **Th. Roussel**, sénateur, membre de l'Institut, président du Conseil supérieur de l'Assistance publique, vice-président du Conseil supérieur des Prisons.

VICE-PRÉSIDENTS

MM. **Cheysson**, inspecteur général des Ponts et Chaussées, membre du Conseil supérieur de l'Assistance publique.

Conte, juge au Tribunal civil, président de l'*Œuvre du patronage des libérés*, de Marseille.

SECRÉTAIRE GÉNÉRAL

M. **Louiche-Desfontaines**, docteur en droit, avocat à la Cour d'appel de Paris.

TRÉSORIER

M. **Edouard Rousselle**, chef du contentieux de la Société des chemins de fer économiques.

SECRÉTAIRES

MM. **Georges Guillaumin**, docteur en droit, avocat à la Cour d'appel de Paris.

Gaston Péan, docteur en droit, avocat à la Cour d'appel de Paris.

BIBLIOTHÉCAIRE-ARCHIVISTE

M **Robert Godefroy**, avocat à la Cour d'appel de Paris, ancien secrétaire de la Conférence des avocats.

MEMBRES

MMmes **d'Abbadie d'Arrast**, secrétaire générale de la *Société de patronage des détenues, des libérées et des pupilles de l'Administration pénitentiaire*.

Auber, présidente de l'*Œuvre de préservation et de réhabilitation des jeunes filles de 15 à 25 ans*.

Vergnnd, déléguée de la *Société de patronage des prisonnières libérées*, d'Orléans.

MM. **Bailleul**, directeur de la IVe circonscription pénitentiaire, délégué de la *Société de patronage des prisonniers libérés*, de Rouen.

ENQUÊTE

SUR LE PATRONAGE

BORDEAUX 1896

IIIᵉ CONGRÈS NATIONAL DE PATRONAGE DES LIBÉRÉS
BORDEAUX (25-26-27-28 mai 1896).

ENQUÊTE SUR LE PATRONAGE

SOUS LA DIRECTION

du Bureau Central

DE

L'UNION DES SOCIÉTÉS DE PATRONAGE

DE FRANCE

INTRODUCTION

PAR

ALBERT RIVIÈRE

SECRÉTAIRE GÉNÉRAL DE LA SOCIÉTÉ GÉNÉRALE DES PRISONS

ANGERS. — IMPRIMERIE A. BURDIN

—

1896

T.ROISIÈME CONGRÈS NATIONAL

DU PATRONAGE DES LIBÉRÉS

(TRAVAUX PRÉPARATOIRES)

ENQUÊTE SUR LES SOCIÉTÉS DE PATRONAGE

INTRODUCTION

Au commencement de l'année 1893, lorsque la *Société générale des prisons* prit l'initiative de l'organisation du premier Congrès national du patronage des libérés, elle considéra que le préliminaire indispensable du premier Congrès devait être l'inventaire de toutes les Œuvres de réhabilitation et de préservation.

Il importait, en effet, de connaître exactement ce qui existait, avant de discuter les moyens de l'étendre et de le fortifier.

L'enquête fut donc générale. Elle s'étendit à tous les départements, à tous les arrondissements. Elle s'appliqua même à des régions où il était de notoriété publique que jamais rien n'avait été créé. Les directeurs de l'enquête voulaient, en effet, connaître non seulement toutes les institutions existantes, mais encore les causes qui avaient empêché les créations et les moyens qui pouvaient permettre de les susciter.

Cette vaste enquête, dirigée et dépouillée avec autant d'expérience que de méthode par MM. Cheysson et Turcas, constitue un monument d'une inappréciable valeur au point de vue historique, pénitentiaire et social.

A l'heure actuelle, après le grand mouvement provoqué par le Congrès de Paris, favorisé par l'institution du *Bureau central*, accentué par le Congrès de Lyon et l'Assemblée générale du 29 juin dernier, il ne pouvait être question de refaire, à si bref délai, l'enquête de 1893. Mais il a semblé qu'il serait très utile de la mettre au point et surtout de l'animer par des investigations d'ordre plus intime, qui, pénétrant au delà des surfaces des institutions, en éclaireraient les profondeurs.

C'est pour atteindre ce but que le *Bureau central* a décidé d'envoyer à chaque Société régulièrement constituée un questionnaire lui demandant ses moyens d'action, son mode de fonctionnement, ses particularités, ses résultats, ses difficultés spéciales et les solutions qu'elle leur avait opposées.

Ce questionnaire, qu'on trouvera ci-après, a été adressé d'abord à toutes les Sociétés adhérentes à l'*Union*, au nombre de soixante-quatre, puis à trois ou quatre autres, qu'on a cru intéressant de comprendre dans cette enquête.

Nous avons reçu seulement trente-huit réponses. Mais on peut dire que, à part deux ou trois, toutes les Sociétés ayant une réelle activité nous ont envoyé leurs confidences.

Malgré les répétitions inévitables en pareil cas, la lecture de ces réponses est extrêmement instructive. Toutes ou presque toutes sont empreintes d'une sincérité qui inspire la confiance et la sympathie. Les lacunes, les échecs sont avoués, souvent avec une simplicité courageuse et méritoire. On sent que les hommes qui se vouent à cette mission obscure et ingrate du relèvement de leurs frères tombés sont peu désireux de briller, d'afficher de luxueuses statistiques et des résultats toujours heureux, de faire illusion à eux et aux autres. Le devoir est leur seul guide : l'intérêt de l'Œuvre prime le souci de leur personnalité.

Nous avons dit que la lecture intégrale de cette enquête s'impose à tous ceux que préoccupe l'avenir du patronage. Cependant, avant de publier ses trente-huit documents, on nous permettra peut-être de jeter sur eux un coup d'œil d'ensemble et de signaler l'impression générale qui nous semble s'en dégager.

Je noterai en premier lieu l'orientation générale que, depuis le premier Congrès, semble prendre le mouvement du patronage, c'est-à-dire les principes qui paraissent généralement admis soit pour la création, soit pour le fonctionnement des œuvres.

Je signalerai, en passant, les particularités plus ou moins originales de telle ou telle œuvre, soit qu'elles proviennent de sa nature spéciale, soit qu'elles aient leur source dans l'initiative plus ou moins heureuse de son directeur.

Je noterai, en second lieu, les tendances de l'avenir, c'est-à-dire les vœux exprimés par la généralité des œuvres, parfois même ceux émis par une seule d'entre elles, s'ils paraissent répondre à un besoin réel, soit immédiat, soit prochain.

LE PRÉSENT

FONCTIONNEMENT

Il y a deux ans encore, sauf à Paris, et peut-être aussi dans quelques grandes villes comme Lyon, Marseille, Nancy, Orléans, Montpellier, la spécialisation des œuvres ne se remarquait guère. Partout ailleurs, les sociétés s'occupaient à la fois des hommes, des femmes, des jeunes adultes, des enfants.

Depuis quelque temps, nous le verrons tout à l'heure, des œuvres concernant la protection de l'enfance se fondent, soit à côté d'œuvres générales existant antérieurement, soit spontanément et avec l'intention de vivre indépendantes. L'honneur de ce mouvement, qui est à encourager, là où il y a suffisamment de force pour assurer la perpétuité de ses créations, revient pour une part à peu près égale à l'*Union française du Sauvetage de l'enfance* et au *Comité de défense des enfants traduits en justice*.

La visite du détenu dans sa cellule, — quand il a la bonne fortune d'en posséder une, — au parloir des avocats ou au greffe, — quand il est encore soumis à la promiscuité, — doit être le premier acte du patronage. Nous devons reconnaître que, dans toutes les sociétés, sauf de rares sociétés d'adultes (1), elle est largement pratiquée. On a reconnu partout qu'elle est la condition de l'assistance efficace. Sans l'étude préalable des caractères qu'elle permet, le patronage dégénère fatalement en une aide passagère et inopérante, en une vaine distribution de bons de logements, ou de soupes, ou de vêtements. Ces visites sont particulièrement indispensables dans les prisons cellulaires, où elles ne constituent plus simplement un adjuvant ou une préparation au patronage, mais une permanente et impérieuse nécessité du régime lui-même. Hâtons-nous d'ajouter que, dans *toutes* les prisons cellulaires auprès desquelles un patronage existe, la visite est régulièrement pratiquée.

L'emploi des registres et des carnets à souches n'est pas encore d'un usage courant. Mais nous espérons que le *character book* va pénétrer d'Angleterre et de Belgique en France et que la comptabilité morale du détenu sera tenue par les directeurs et les sociétés de patronage avec autant de conscience que sa comptabilité financière par les contrôleurs.

La remise du pécule est la seconde des pierres de touche mises à la disposition du Patronage. Un très grand nombre de sociétés l'exigent. Leur courageuse règle est d'autant plus méritoire qu'elle est moins populaire parmi leurs clients et en détourne beaucoup de recourir à leur intervention. Mais, par contre, quelle garantie n'offre-t-elle pas contre les échecs postérieurs à l'entrée sous le patronage, ces échecs *après*, qui sont, après tout, les seuls graves, car ce sont les seuls qui découragent le public et les commissaires, et qui discréditent l'entreprise !

Un dernier critérium, mais qui n'est pas à la portée de toutes les œuvres, parce qu'il suppose des ressources que bien peu encore possèdent ou pourront jamais posséder, c'est l'hospitalisation. Il est certain que, si l'*asile* offre ce grand inconvénient de remettre en contact des éléments pervers que la cellule a eu précisément pour but et pour effet de préserver de cette dangereuse promiscuité, il fournit, étant réservé aux meilleurs seulement et offert dans certaines conditions très rigoureuses, un moyen précieux d'étudier les aptitudes, la force de résistance, la valeur morale et professionnelle du candidat à un emploi. Mais la condition première de cet asile doit être le travail comme rançon de l'hospitalisation. L'asile non payant peut

(1) A Paris surtout.

constituer un encouragement au vagabondage et à la paresse; il est toujours un dépôt où l'oisiveté fera fermenter des passions encore chaudes. Aussi constatons-nous que nulle part — qu'il s'agisse d'hommes: Paris (Société Bérenger), Marseille, Bordeaux, Toulouse, Nantes, Tours; de jeunes adultes: Paris (1), Lyon (Brignais); de femmes: Paris (Saint-Lazare); de jeunes filles: Paris (2) — on n'accepte l'idée d'une hospitalisation sans travail. Partout, l'asile renferme un atelier; partout le travail est la condition de l'entrée et du séjour.

Nous arrivons au moment décisif, le placement!

Nous avouons que, en cette matière, nous avons été étonné du nombre des doléances, nous dirions presque des découragements, que nous avons relevé. Que des œuvres encore jeunes, que des personnes en gestation de patronages se plaignent du peu de concours qu'elles rencontrent chez les industriels, les maitres de maison, les commerçants, les entreprises de toute nature et les patrons de toute sorte dans le placement de leurs patronnés et qu'elles s'en montrent quelque peu étonnées ou effrayées, nous le pardonnons. Mais qu'on rencontre les mêmes sentiments chez des directeurs d'œuvres vieilles de vingt ans, nous ne pouvons le concevoir.

Quelle idée donc croit-on devoir se faire du patronage? Croit-on que le patronage consiste nécessairement à apporter, comme sur un plateau d'argent, une place bien rétribuée au détenu à la porte de la prison, au moment où il en sort? Certes ce serait l'idéal. Mais comment nourrir de telles espérances dans l'état de crise économique que nous traversons, alors que tant de braves gens, qui n'ont aucun casier, eux, ne peuvent arriver à trouver du travail! A l'impossible nul n'est tenu. Si vous ne pouvez, après un effort raisonnable, trouver un emploi suffisamment rémunérateur à votre patronné, dites-vous simplement que le patronage ne consiste pas à vous substituer au patronné, qu'il consiste surtout à l'*aider* par vos conseils, par votre appui moral, par vos recommandations verbales ou épistolaires, s'il en est digne et si vous le pouvez: vous n'êtes pas un bureau de placement, mais un office de renseignements (3).

(1) Société des jeunes adultes de la Petite-Roquette et Société des jeunes détenus et libérés du département de la Seine.
(2) Œuvre de préservation et de réhabilitation, Refuge israélite, Patronage des détenues et libérées.
(3) Lire dans la réponse de M. de Lalain-Chomel les rubriques: *Placement* et *Indications générales*, et dans celle de M. Mauchamp la rubrique: *Placement*.

Les différents budgets révèlent un sensible progrès dans les mœurs du Patronage. Il se manifeste par la proportion de plus en plus élevée consacrée par un grand nombre de Sociétés à leurs frais d'administration. Nous les en félicitons sincèrement (1). Le temps n'est plus où le Patronage considérait sa mission comme une œuvre d'assistance positive. De plus en plus il se pénètre de cette idée, la seule vraiment sociale et pratiquement charitable, que le secours matériel ne sert en général qu'à encourager le vice et la paresse et que la véritable assistance doit être morale : elle doit consister à relever le courage, à fortifier la volonté, à ressusciter le sentiment de l'honneur et du devoir social, doublé de l'intérêt personnel bien entendu. Elle doit prodiguer les conseils et les renseignements pratiques pour faciliter la recherche des places et non atrophier la volonté en déchargeant le libéré de cette recherche. Le patronage devient de plus en plus une *tutelle* ; il a cessé d'être la caisse d'épargne ou de retraite des libérés.

Sur ce terrain, l'histoire ne peut fournir aucun enseignement. Au contraire de ce qui se passe dans l'étude du droit criminel, où souvent des emprunts heureux peuvent être faits, *mutatis mutandis*, aux Codes de l'époque révolutionnaire et à quelques-unes des lois postérieures, ici les errements du passé ne serviraient qu'à égarer l'opinion et les praticiens sur le rôle désormais réservé au Patronage. Mais, si le reclassement direct et définitif du libéré dans la vie normale ou dans l'ancien milieu d'où il a été chassé par son inconduite est éminemment difficile, il est certains classements provisoires ou latéraux, certains expédients temporaires qui ne cessent d'offrir aux Sociétés de larges débouchés.

Sans parler des enfants, pour lesquels les asiles, les refuges, les orphelinats, sur lesquels nous reviendrons, ouvrent une protection qui est souvent le salut, les jeunes adultes et même les adultes trouvent dans l'engagement militaire, dans l'émigration ou l'expatriation, sans oublier le rapatriement, les moyens de satisfaire leur activité débordante et leur passion des aventures.

L'engagement militaire! Combien n'a-t-il pas sauvé de ces tempéraments insouciants, impatients de tout frein, désordonnés, avides de

(1) La progression des frais d'administration est partout, et avec raison, considérée comme une preuve de bureaucratie, de multiplication des rouages, de coulage. C'est, notamment, le gros reproche fait à l'organisation des lois d'assurances allemandes. — Il va de soi que nous n'entendons pas ici faire l'éloge de la paperasserie, mais seulement de la substitution progressive, de plus en plus générale, de l'assistance purement morale à l'assistance matérielle.

voir et d'agir! Sans doute on doit regretter, avec M. Sinoir (1), que l'armée ne soit plus une carrière, puisqu'elle est le vestibule où tout le monde doit passer, mais où personne ne peut séjourner longtemps. Elle était le plus sûr des asiles pour ces débiles « qui ne peuvent marcher droit qu'à condition d'être maintenus par des serre-file ». Néanmoins, nous verrons, par le nombre infini des vœux exprimés pour en faciliter l'accès, combien les Sociétés apprécient ses lisières pour garantir leurs pupilles contre les rechutes.

Nous parlerons dans les mêmes termes des embarquements; mais les règlements maritimes, joints à la crise de la marine marchande, opposent les plus pénibles entraves à l'admission des jeunes gens, même mineurs de dix-huit ans.

L'émigration aux colonies est préconisée, mais elle exige, pour réussir, des qualités qui trop souvent manquent aux libérés : une profession spéciale, une volonté énergique et... un petit capital. L'expatriation est soumise aux mêmes conditions et aux mêmes entraves.

Nous arrivons au rapatriement, par lequel nous aurions dû commencer, car il n'est, en somme, qu'une forme du reclassement direct et définitif. Toutes les sociétés le préconisent, et avec raison (2). Au point de vue économique, comme au point de vue purement social, il est la plus fructueuse des opérations. C'est lui qui replace l'enfant ou le jeune adulte vagabond dans le milieu où il a vécu ses premières années, a dû puiser ses meilleures aptitudes et trouvera ses soutiens naturels. C'est lui qui refoule cette funeste émigration des campagnes ou de la petite province vers les grands centres. Une fois, en passant nous rencontrons l'accord des lois économiques et charitables. Inclinons-nous. Nous ne le retrouvons pas souvent.

Le rapatriement se fait tantôt par chemin de fer, tantôt par le moyen d'un passe-port avec secours de route. Dans le premier cas, la plupart des Œuvres obtiennent facilement et rapidement le demi-tarif par une entente avec la mairie ou avec la préfecture, qui fait l'avance et réclame chaque trimestre son remboursement.

Le second cas est devenu malheureusement trop rare. Il éprouvait la

---

(1) Lire les pages exquises consacrées par cet Universitaire, qui écrit comme un professeur de rhétorique, mais qui pense comme un philosophe, à cette difficulté de vivre pour le faible, qui jadis eût été un moine parfait et qui, aujourd'hui dans notre siècle sceptique, est réduit à faire un vagabond.

(2) Sans ignorer toutefois que, parfois, le rapatriement est funeste, en remettant le libéré dans le milieu de sa faute et de sa honte et qu'il faut le dépayser, pour lui faire une nouvelle vie.

persévérance de la volonté du patronné. S'il surmontait les difficultés de cette pérégrination souvent longue, on pouvait escompter son relèvement définitif. Ce genre d'épre ve est préconisé par l'Asile de Couzon, non seulement pour le rapatriement, mais pour le transfèrement du libéré du lieu de libération au lieu où un asile ou une société de patronage doit le recueillir. Il considère que, quand le libéré admis dans une œuvre parfois lointaine a franchi, sans défaillir, les épreuves, les écueils de sa pénible locomotion, on a de fortes présomptions pour croire à son retour au bien.

Dans ce long cheminement du Patronage à travers la cellule du détenu, l'agence de la Société, l'asile, les différentes maisons où il est venu offrir son protégé, nous avons regardé droit devant nous et avons négligé de noter les différents concours qui se sont présentés à lui ou les quelques modalités particulières que çà et là il a pu affecter.

Parmi les collaborateurs auxquels il a dû le plus souvent recourir, saluons le *Bureau central*.

Presque toutes les Sociétés rendent un hommage explicite aux services qu'elles ont reçus de lui, soit au point de vue de leur action, soit au point de vue de leur diffusion. Les rapports réguliers établis entre elles, grâce à lui, ont facilité les échanges de bons offices, et notamment les envois réciproques de libérés en vue d'un dépaysement et, par suite, d'un reclassement plus aisé.

Les vœux qui lui sont expressément adressés en vue de certaines enquêtes et de certaines démarches témoignent de la confiance croissante qu'il inspire.

Comme conséquence de cette union des Œuvres, but et résultat du *Bureau central*, nous noterons les emprunts si fréquents faits par les Sociétés, surtout pour les enfants, à des orphelinats, à des ouvroirs, à des ateliers d'assistance par le travail (1), à des asiles de toutes sortes, agricoles, industriels, urbains ou maritimes.

Constatons enfin l'entente de plus en plus intime existant entre les Administrations publiques et le Patronage. Presque partout ont absolument pris fin les quelques conflits qui ont pu naître à l'origine entre certaines œuvres et des fonctionnaires encore peu au courant du but, des moyens d'action et des nécessités extérieures du patronage. De plus en plus fréquemment les Parquets ont recours, avant l'audience,

(1) L'assistance par le travail offre un secours de plus en plus efficace au patronage. Elle est appelée, à ce seul point de vue, à un avenir qu'un de nos prochains Congrès aura sans doute à sonder. Nous en reparlerons plus loin.

au patronage en vue de préparer soit un acquittement d'enfant avec remise à la Société, soit une déchéance de la puissance paternelle, soit un engagement militaire, soit une condamnation avec sursis, soit un acquittement pur et simple. Nous enregistrons le même accord avec les cabinets d'instruction, les commissariats de police, les institutions publiques d'assistance ou les établissements pénitentiaires.

Parmi les formes plus ou moins spéciales que le Patronage a pu prendre, nous n'en citerons que deux. A Paris et à Lille, peut-être dans quelques autres petits centres qui ne se sont point révélés à l'enquête, le patronage prend un caractère international. Il y a intérêt pour notre pays à faciliter et, si possible, à rendre définitif le rapatriement des libérés d'origine étrangère. La *Société centrale de patronage* pourvoit à cet intérêt en établissant des relations suivies avec les patronages d'Italie, de Suisse, d'Alsace-Lorraine, de Luxembourg et de Belgique. Peut-être y aura-t-il lieu un jour d'étudier, d'accord avec ces Sociétés, les moyens de réunir par des liens internationaux les *Unions* nationales qui se sont fondées dans nombre de pays, comme l'Allemagne, l'Angleterre, la Belgique, la Suisse, les pays scandinaves, les États-Unis. Ce serait le dernier anneau de cette chaîne qui part du petit sous-comité d'arrondissement pour aboutir à l'Union internationale de tous les patronages. Déjà le Congrès d'Anvers en a jeté les bases, en juillet 1894; déjà même le *Bureau central* a été saisi par l'Allemagne, ces jours-ci, d'un projet de convention pour l'échange des libérés des deux pays, et il soumettra sur ce projet des conclusions à l'Assemblée générale de Bordeaux.

L'avenir, là encore, nous réserve un grand progrès à réaliser.

On sait combien la moralisation du prisonnier est une œuvre délicate et combien elle exigerait, à côté de l'aumônier et du personnel supérieur de la prison, le concours de personnes dévouées et d'institutions appropriées. Au nombre de ces créations annexes, les plus utiles sont celles qui s'adressent directement à l'intelligence, soit par la parole, soit par la lecture. Signalons donc, avec les éloges que méritent de pareilles initiatives, l'organisation de conférences à Besançon, à Chalon-sur-Saône, à Versailles (prison des femmes), ainsi que l'entretien de la bibliothèque et des fournitures scolaires à Marseille.

RÉSULTATS

Je ne puis que passer rapidement sur cette partie de l'enquête, qui offre, naturellement, une grande incertitude. Les patronnés, en général, ne conservent pas de relations avec la Société, soit qu'ils aient trouvé un bon emploi, soit qu'ils aient repris leur vie errante et délictueuse. Pour la plupart des Sociétés (1), les statistiques manquent donc de précision, et il est impossible d'en tirer des inductions scientifiques. Ce que l'on peut affirmer, c'est que le patronage produit un immense effet moral, ne fût-ce que par ce fait qu'il empêche le récidiviste de dire au tribunal : « Ma récidive est imputable à la société : si quelqu'un m'avait tendu la main, je n'aurais pas de nouveau volé pour manger ». Ce résultat, à lui seul, est considérable, et il est impossible qu'il n'entraîne, comme le prétendent quelques sceptiques, qu'une conséquence : *Retarder la récidive*.

Et d'ailleurs, ne produirait-il que cela, aurions-nous donc perdu tout notre temps?

A vrai dire, il n'y a qu'une sorte de libéré qui soit impatronable : c'est le vagabond. Pour celui-là, rien à tenter. La place n'est jamais digne de ses mérites. Ses prétentions avant n'ont d'égale que son indiscipline après son entrée. Pour ce dégradé, dont tous les ressorts sont cassés, la chute est irrémédiable. Afin de le relever, il faudrait le prendre à côté de soi, presque tout seul, le veiller jour et nuit, lui doser le travail, les repos, les dépenses, les prescriptions de toutes sortes : purger ses passions et fortifier son corps, soigner son esprit, exercer sa volonté, calmer son imagination (2).

Le Patronage ne peut lui offrir un tel luxe de précautions. Seul l'abbé Villion le fait, on sait au prix de quels efforts ! Les autres ne le tentent même pas. Ils considèrent avec raison que le vagabondage est le déchet irréductible de leur œuvre.

DIFFICULTÉS

Les trois principales difficultés contre lesquelles nos Œuvres ont à lutter sont : l'indifférence du public, l'antipathie des patrons ou des camarades, l'insuffisance des ressources.

(1) Les frais exigés par la recherche du casier judiciaire, pendant les 5, 8, 10 années qui suivent la fin du patronage et le placement définitif, sont assez élevés. Nous ne connaissons qu'une société qui se les impose régulièrement, c'est celle des engagés volontaires. Mais plusieurs autres étudient sérieusement la récidive dans les lieux où elle peut être saisie, c'est-à-dire à la maison d'arrêt du siège social. D'autres, notamment pour les enfants, exercent ou font exercer par leurs correspondants une surveillance vigilante dans les asiles ou chez les patrons où elles ont placé leurs anciens pupilles.

(2) M. Sinoir, déjà cité.

Pour le premier point, il y a un grand progrès à constater sur l'enquête de 1893. Si les plaintes sont générales, elles ne sont pas universelles. Dans beaucoup de villes, on nous répond que le public, non seulement ne voit plus le patronage d'un mauvais œil, mais en comprend l'utilité sociale, lui est sympathique et lui offre son concours pécuniaire ou personnel.

Pour le second point, le progrès est plus lent. Elles ne sont cependant pas isolées les réponses qui constatent que les chefs de grandes industries ont accueilli les patronnés qui leur étaient recommandés. Là où la situation se serait plutôt aggravée, par rapport à 1893, c'est au sein de l'atelier lui-même. Non seulement l'ouvrier honnête témoigne la même répugnance à subir le contact d'un libéré, mais les syndicats ouvriers, dans les grandes villes, commencent à afficher, soit au point de vue du placement, soit au point de vue de la rémunération du travail du libéré assisté, une hostilité que nous présageaient, d'ailleurs, les mêmes difficultés soulevées par eux à l'égard des Œuvres d'assistance par le travail.

En ce qui concerne les budgets, il ne faut rien exagérer. Seules les Œuvres qui sont entraînées, par l'importance de leur siège et les mœurs ou les aptitudes de leurs patronnés, à entretenir des asiles ont à lutter contre des crises redoutables. Le patronage, en général, — nous l'avons dit, mais on ne serait trop le répéter, — est une tutelle. Il exige une grande dépense d'efforts personnels, de visites, de conversations, nous dirions presque de sermons, de démarches, de correspondance ; mais tout cela peut se faire à bon marché. Et, quand on constate la générosité relative avec laquelle le Parlement (si peu coutumier du fait en matière pénitentiaire) complète les ressources locales, on peut, *a priori*, et sauf d'importantes exceptions, déclarer que les cotisations personnelles, les subventions municipales, départementales ou judiciaires, doivent suffire aisément à doter le Patronage.

L'AVENIR

Il est toujours malaisé d'écrire l'histoire à l'avance. Mais c'est peut-être en ce qui concerne les évolutions de l'économie sociale qu'il est le plus aventureux de chercher à prédire l'avenir. Il est toutefois certaines manifestations qui facilitent le métier de prophète. De ce nombre sont les faits de même nature observés simultanément sur divers points du territoire. On peut voir dans cette concomitance spontanée un signe, tantôt d'un besoin nouveau et d'une évolution prochaine, tantôt d'un danger non encore prévu et d'un dissolvant futur.

Tels, à la veille des États généraux, les cahiers des trois ordres avaient tracé une esquisse du drame qui allait se dérouler ; tels, à la veille des États de Bordeaux, les cahiers de nos trente-huit correspondants ont pu écrire une page de l'histoire de demain.

Une tendance se manifeste, dans toutes les villes de quelque importance, à constituer des œuvres d'assistance par le travail et des comités de défense à côté du patronage proprement dit. Dans certaines villes même, on voit l'idée de l'assistance par le travail précéder celle du patronage (Épinal, Caen, Amiens). Jamais encore, sauf peut-être à Lille, on n'a vu la préoccupation de la défense des enfants traduits en justice devancer l'organisation du patronage ; mais de nombreux indices nous montrent que, dans certains chefs-lieux importants encore dépourvus de toute œuvre de sauvetage, les créateurs débuteront par la préservation de la jeunesse.

Les vœux du Patronage se réfèrent à trois courants d'idées : deux, d'ordre très général, sollicitent, soit de l'opinion, soit des pouvoirs publics, un appui indirect, mais très efficace, pour l'exercice de sa mission ; l'autre, très positif et très pratique, précise un certain nombre de points sur lesquels il appelle l'aide, soit du législateur, soit des administrations publiques, soit de son propre organe central.

1° Nous avons parlé tout à l'heure de l'indifférence du public et de l'hostilité des patrons ou ouvriers. Plusieurs Sociétés ne se sont pas contentées de les signaler: elles ont proposé divers remèdes.

Parmi eux nous relevons l'appel direct au peuple dans de grands auditoires et du haut de puissantes tribunes comme la presse et la chaire. La presse est le grand véhicule des bonnes comme des mauvaises idées ; elle pénètre partout, dans l'atelier, dans le galetas, dans le cabaret, dans le bouge le plus obscur, comme dans les somptueux hôtels. Partout là, elle a des conquêtes à faire : à celui-ci elle demandera la neutralité sympathique, à celui-là son concours actif, à un autre son argent. Le sermon a été un des moyens que les pays anglo-saxons ont employés avec le plus de succès pour répandre dans les masses l'idée sociale et charitable du secours aux prisonniers. Pourquoi, chez nous, le curé, le pasteur, le rabbin ne consacreraientils pas chaque année un ou deux dimanches à prêcher cette forme divine de la préservation sociale?

Des conférences organisées dans toute la France, sous les auspices du *Bureau central*, par les représentants les plus autorisés de cette *Union*, constitueraient le complément pratique de toute cette propagande.

2° Quand on constate les ravages faits par la promiscuité sur la moralité des détenus primaires, entrés à peine flétris, sortis irrémédiablement corrompus; quand on constate la guerre déclarée. dans certaines prisons, par les récidivistes au patronage et la dextérité avec laquelle ils détournent les moins mauvais de s'adresser à lui ; quand on a vu plusieurs Sociétés obligées de capituler devant ce siège et de se dissoudre devant cette grève d'un nouveau genre, on ne peut s'étonner des hommages rendus par nombre de Sociétés aux bienfaits du régime cellulaire comme préparation au patronage et des vœux qu'elles forment pour son extension rapide par toute la France.

3° Mais arrivons aux vœux d'un usage plus immédiat, à ceux qui regardent le placement.

Un des grands obstacles au placement, c'est le casier judiciaire.

Il y a sans doute une grande modération dans les plaintes et dans les vœux. Personne ne demande la suppression complète de sa publicité. Mais trois Sociétés au moins (1) réclament du Parlement une atténuation à ses deux principales duretés : sa généralité, qui n'exclut aucun délit, si minime qu'il soit, — et sa perpétuité, que la réhabilitation (cause redoutée de publicité !) peut seule limiter.

Le casier judiciaire nous amène à l'engagement militaire, pour lequel encore il constitue un infranchissable obstacle. Là également trois Sociétés (2) implorent du Parlement une règle moins inexorable. Elles sollicitent les mêmes bénéfices pour l'engagé que pour l'appelé, plus de facilités pour les rengagements, la suppression de formalités excessives pour l'engagement, l'envoi des condamnés avec sursis dans des régiments métropolitains.

Mais à un autre point de vue ces trois Sociétés et d'autres requièrent moins de sévérité. Jeunes ou vieux, beaucoup de libérés, précisément parce qu'ils sont des libérés, ne possèdent pas les robustes apparences et la santé dont jouissent ceux qui ont toujours vécu au grand

---

(1) MM. Bérenger. Coute et Mme d'Abbadie d'Arrast. M. l'abbé Villion, de Couzou, estime que ses avantages compensent ses immenses inconvénients.
(2) MM. Coute. Mauchamp et Sinoir.

air de la vie libre. Les médecins et les commandants de recrutement les refusent impitoyablement. Et pourtant, M. Sinoir nous l'a dit plus haut, c'était pour eux la seule planche de salut ! Ne pourrait-on demander à ces honorables fonctionnaires, tout en respectant la lettre de la loi et de leurs circulaires, de se pénétrer un peu plus du grand intérêt social qu'ils sacrifient ? Ne pourrait-on, d'autre part, demander aux auteurs de ces instructions ou règlements plus de pitié pour ces faibles de corps et d'âme, qui ont besoin des guidons du régiment pour se diriger dans la vie et qui tomberont fatalement dans le précipice, si la discipline ne leur en défend les abords.

Dans ce même ordre d'idées, l'infirmité constitutionnelle de certains caractères suscite à trois Sociétés (1) la pensée de créer pour eux des asiles permanents. L'une même va jusqu'à demander qu'il en soit créé un par ressort de Cour d'appel !

Il appartiendrait peut-être au *Bureau central* et plus tard à un de nos Congrès de mettre à leur ordre du jour un pareil sujet, bien digne de leurs méditations.....

Un appel très direct est fait à l'action du *Bureau central* en deux ordres de matières, que nous avons déjà traitées : l'expatriation et l'échange de bons offices entre les Œuvres.

L'émigration aux colonies n'est possible que si une organisation est préparée, sinon dans les colonies même, au moins dans la métropole, par un service diligent de renseignements et des facilités de transport (2). C'est au *Bureau central* qu'il appartient de provoquer ces facilités, de centraliser les renseignements et de les tenir toujours à la disposition des Sociétés requérantes.

C'est encore au *Bureau central* qu'incombe le soin d'accélérer de plus en plus et de multiplier les relations d'Œuvre à Œuvre par l'échange des libérés adultes ou par le placement des jeunes libérés dans des établissements charitables.

Pour ce dernier cas, plusieurs Sociétés réclament un inventaire complet et détaillé de toutes les institutions de préservation où peuvent être recueillis des filles ou garçons en danger moral, avec l'indication des conditions d'âge, de moralité, d'aptitudes physiques ou professionnelles, de prix, etc. Cette enquête, dont les éléments se trouvent dans le *Manuel des Œuvres* et dans le beau volume publié ces jours-ci par l'*Office central des institutions charitables* sur les

(1) MM. Conte, Sinoir et l'abbé Villion, de Couzou.
(2) Mme d'Abbadie d'Arrast, M. l'abbé Villion, de Couzou.

Institutions d'assistance et de prévoyance sous le titre : *La France pré-voyante et charitable* (1), est déjà commencée par le *Bureau central*. Les résultats seront insérés prochainement, nous l'espérons, dans le *Bulletin de l'Union*.

En ce qui concerne l'échange des libérés adultes, l'une des grandes Sociétés de province (2) renouvelle le vœu qu'il soit réglementé par une convention formelle conclue entre les diverses Sociétés intéres-sées et fixant les conditions des transfèrements, du remboursement des avances, du placement, de la surveillance, etc.

Avant de terminer, nous voudrions retenir l'attention sur une pen-sée qui n'a été qu'effleurée par Mme d'Abbadie d'Arrast, mais qui, à notre sens, doit exciter les préoccupations de tous les amis du pa-tronage. Une œuvre est comme une machine. Son fonctionnement n'est assuré que quand non seulement elle possède tous les rouages des-tinés à la mouvoir actuellement, mais quand elle possède des pièces de rechange. Il ne faut pas que la disparation d'un rouage, fût-il le principal, entraîne la destruction ou même l'arrêt de la machine. Or trop rarement les Sociétés pratiquent la division du travail ; trop sou-vent elles s'incarnent en un seul homme qui est à la fois la pensée, le cœur, le bras. Qu'il meure ou se retire, tout s'évanouit ! Il faut un peu plus songer à l'avenir. Il est bon qu'il y ait un moteur, que ce mo-teur soit énergique ; mais il faut qu'il ne soit pas unique. Trop rare-ment les fondateurs, les directeurs d'œuvres pensent au lendemain. Il en est des œuvres comme des dynasties : elles ne sont vraiment fondées que quand l'ordre de succession est réglé.

Nous regrettons infiniment de clôre sur cette note mélancolique les réflexions encourageantes que nous a suggérées le dépouillement de cette enquête, si pleine de promesses à tous autres égards. La pro-fonde affection que nous avons vouée au Patronage nous imposait le devoir de signaler ce danger, un des grands, à notre avis, qui menacent son avenir.

Albert Rivière.

(1) Librairie Plon.
(2) La Société de Marseille.

Voici le texte de la *Lettre circulaire* et du *Questionnaire* auxquels M. Albert RIVIÈRE fait allusion et qui ont été adressés au président de chaque Œuvre de patronage :

UNION DES SOCIÉTÉS DE PATRONAGE DE FRANCE

IIIᵉ CONGRÈS NATIONAL

BUREAU CENTRAL
14, place Dauphine, 14

Paris, le 25 décembre 1895.

MONSIEUR ET CHER COLLÈGUE,

Le IIIᵉ Congrès national de patronage doit se réunir à Bordeaux en 1896 pendant les vacances de la Pentecôte.

Le Comité local d'organisation, sur la proposition du *Bureau central*, a considéré qu'une enquête, faite auprès de chacune des Sociétés existantes, sur les modes de son fonctionnement, sur les difficultés qu'elle a pu rencontrer ou qu'elle rencontre, sur les moyens par elle employés ou projetés pour les vaincre, sur les particularités de son action, serait une excellente préface aux travaux de ce Congrès.

Il s'agit dans cette enquête de réunir bien moins des données statistiques que des informations morales, qui puissent servir à l'enseignement mutuel des congressistes et à la propagande du patronage. De tels comptes rendus, complétés ensuite par les discussions orales qu'ils provoqueront, ne seront-ils pas pour nos œuvres le meilleur des guides et des encouragements ?

En conséquence, il a été rédigé un questionnaire qui vous indiquera les principaux points sur lesquels votre expérience personnelle est invoquée en faveur de vos collègues.

Nous vous serons reconnaissants d'adresser votre réponse *le plus tôt possible*, et au plus tard *avant le 1ᵉʳ mars prochain, terme de rigueur*, à M. Albert Rivière, secrétaire général de la *Société générale des prisons*, membre du *Bureau central*, qui a bien voulu se charger de dépouiller cette enquête et d'en présenter les résultats, avant l'ouverture du Congrès, de manière à ce que chacun de ses membres puisse en recevoir communication préalable.

Nous nous permettons, d'ailleurs, de vous communiquer à titre d'indication les réponses que nous avons déjà reçues de trois de nos collègues, membres du *Bureau central*; elles pourront vous donner une idée de la façon dont nous concevons la rédaction de cette enquête.

Veuillez agréer, Monsieur et cher collègue, avec nos remerciements anticipés, l'assurance de notre considération la plus distinguée.

Au nom du *Bureau central* :

Le Président :

Th. ROUSSEL,
Sénateur, Membre de l'Institu..

Le Secrétaire Général :

LOUICHE-DESFONTAINES,
Avocat à la Cour d'Appel de Paris.

Au nom du Comité d'organisation du Congrès :

Le Président :

GROSSARD,
Président de la Société de Patronage des Prisonniers libérés
de Bordeaux.

Le Secrétaire Général :

GALVÉ,
Conseiller à la Cour d'Appel de Bordeaux.

2

QUESTIONNAIRE

A. — Définition et fonctionnement de l'Œuvre.

1°. — Vous occupez-vous des hommes, des femmes, des enfants arrêtés ou abandonnés, ensemble ou séparément? Vous occupez-vous de tous indistinctement? — Si vous ne patronnez que certains détenus, lesquels et comment choisissez-vous? — Faites-vous des visites en cellule ou au parloir? Comment choisissez-vous vos visiteurs? (Modes de placement, engagements dans l'armée, rapatriements, secours, asile temporaire ou permanent, appui moral, conseils, références, relations avec d'autre œuvres, budget.)

2°. — Exigez-vous de vos patronnés la remise de leur pécule à leur libération? Ne serait-ce pas une mesure utile et recommandable?

3°. — Spécialement en ce qui concerne la mendicité et le vagabondage des enfants, quelles mesures sont prises par vous ou autour de vous pour la prévenir ou la réprimer?

4°. — Particularités relatives à votre fonctionnement.

B. —Résultats de l'Œuvre.

1°. — Quels résultats avez-vous obtenus? (Nombre de patronnés, nombre des placements, etc.)

C. — Difficultés et solutions.

1°. — Principales difficultés rencontrées soit au début, soit au cours du fonctionnement.

2°. — Moyens employés pour surmonter ces difficultés.

3°. — Moyens projetés dans le même but.

4°. — Indications suggérées par l'expérience pour l'extension du patronage et de son efficacité.

RÉPONSES AU QUESTIONNAIRE

———— ⁕ ————

Réponse de M. BÉRENGER, vice-président du Sénat

A. — Définition et fonctionnement de l'Œuvre.

Fondée en 1870 par l'initiative de M. de Lamarque, chef de bureau à l'Administration pénitentiaire, reconnue comme établissement d'utilité publique par décret du 4 novembre 1875, la *Société Générale pour le patronage des libérés* compte aujourd'hui vingt-six années d'existence (1).

Elle est la première institution qui se soit occupée, en France, du patronage des adultes. Consacrée d'abord aux hommes seuls, elle s'occupe indistinctement, depuis 1881, des libérés des deux sexes. Elle assiste également les mineurs, particulièrement ceux qui désirent contracter un engagement militaire. Ses débuts ont été fort modestes. Toute son organisation consistait en un étroit bureau que l'Administration pénitentiaire avait consenti à lui céder rue de Varennes, où elle résidait alors, au milieu même de ses services. Elle n'avait que deux employés et ne comptait qu'un fort petit nombre de souscripteurs. Son budget, en grande partie alimenté par une subvention de l'État, ne dépassait pas 8.000 francs. Une centaine de libérés annuellement secourus représentaient le maximum de son action.

Elle assiste aujourd'hui, chaque année, de 3.500 à 4.000 libérés (le chiffre donné par son dernier compte rendu est exactement de 3.920). Son budget est de plus de 110.000 francs (1895, 113.297 francs ; — 1896, 112.221 francs). Ses souscripteurs sont au nombre de 800 environ. Elle a ouvert successivement deux asiles temporaires pour les hommes, pouvant recueillir ensemble chaque jour 100 assistés, et un asile d'environ 30 lits pour les femmes. Le travail a été organisé partout, fabrication d'allume-feux résinés pour les hommes, brochage pour les femmes. Son produit ajoute annuellement près de 50.000 francs à ses ressources ordinaires.

Le compte rendu de 1895 fait connaître par quelles étapes successives ces résultats ont été obtenus.

Les moyens d'assistance sont ceux de toutes les institutions de même nature : hospitalisation temporaire laissant aux libérés plusieurs heures

_____

(1) Son siège est actuellement, 174, rue d'Université.

de liberté chaque jour, pour chercher eux-mêmes du travail ; rapatriement avec secours de route, expatriation (un crédit de 1.200 francs est voté chaque année dans ce but par le Conseil d'administration), engagements militaires, assistance pour les placements, appui en vue de la libération conditionnelle, etc.

La règle de la Société est de recevoir à portes ouvertes tout libéré qui réclame son secours. Des visites ne peuvent être faites dans la prison, à raison de l'insuffisance du personnel, qu'aux détenus qui en font la demande. Nous n'avons, en effet, malgré l'extension considérable des dernières années, que quatre agents, indépendamment des directeurs des asiles.

L'obligation du travail est, en conséquence, l'unique moyen dont nous disposions pour écarter les éléments trop nombreux qui ne s'adressent souvent au patronage que pour spéculer sur ses avantages ; mais elle suffit en général pour la délivrer des parasites et des incorrigibles.

Pour en fortifier l'effet, un règlement adopté en 1889 dispose que tout homme reçu aux asiles doit à la Société quatre jours pleins de travail sans salaire, et, passé ce délai, il ne peut obtenir une prolongation de séjour que sur l'autorisation du *Bureau central*. Ainsi se fait un triage qui permet de réserver nos ressources aux libérés que leur conduite et leur activité au travail pendant cette épreuve paraissent signaler comme désirant sérieusement revenir à une vie laborieuse et honnête.

Des prolongations successives peuvent être accordées aux plus dignes.

Passés ces quatre jours d'épreuve, le libéré est libre d'aller chercher du travail pendant toute la matinée. Il doit rentrer pour le repas de onze heures et touche, pour le travail de l'après-midi, un salaire proportionné à la tâche accomplie, qui peut aller jusqu'à 1 franc.

Pour les femmes, l'assistance est beaucoup plus complète. L'expérience nous a fait reconnaître que le seul placement immédiat qui pourrait être tenté pour elles, dans l'état d'ignorance de tout métier où la plupart se présentent, serait celui de femme de peine. Comme il pourrait offrir, pour elles aussi bien que pour les personnes disposées à les employer, de réels dangers, nous avons préféré y renoncer, et cette résolution nous a mis dans la nécessité de chercher à les initier à un métier. Après plusieurs tentatives, c'est celui de brocheuse auquel nous nous sommes arrêtés. Notre asile est devenu ainsi une véritable école d'apprentissage. Le temps reconnu nécessaire pour former une ouvrière capable de gagner sa vie étant de huit mois, nous avons dû fixer à ce délai la durée réglementaire du séjour à l'asile. Pendant ce temps nos pensionnaires gagnent un salaire calculé sur les trois quarts de celui des ouvrières du dehors. La moitié leur en est attribué, partie pour leurs besoins personnels, partie pour le pécule qui leur sera remis à la sortie. Beaucoup sont, au sortir de l'asile, en état de faire de bonnes ouvrières dans des ateliers similaires.

Libérés conditionnels. Pécule. — Nous avons étendu depuis plusieurs années notre assistance aux libérés conditionnels. Nous en avons secouru, en 1891, 32 ; — en 1892, 44 ; — en 1893, 62 ; — en 1894, 83 ; — en 1895, 60.

Il est procédé à leur égard comme il suit. Les Directeurs de prisons nous font connaître ceux des détenus qui, leur paraissant dignes d'obtenir la libération anticipée, seraient privés de cette faveur parce qu'ils ne seraient pas en situation de fournir le certificat de travail exigé par l'Administration. La Société fait une enquête et prend l'engagement qui leur manque, s'ils lui paraissent mériter son intérêt et si elle juge pouvoir leur procurer du travail au dehors. Mais en même temps elle exige d'eux qu'ils s'engagent à se soumettre à sa discipline et à lui faire envoyer directement leur pécule par la Direction de la prison.

Il n'est pas besoin de dire qu'il leur en est intégralement tenu compte.

Si, au cours de la libération, il se produit quelque fait qui doive entraîner sa révocation, l'Administration est aussitôt prévenue, et l'arrestation du libéré est ordonnée.

B. — Résultats.

Résultats moraux. — Les comptes rendus annuels établissent une moyenne de placements de 50 pour 100 environ. Le reste se compose en majeure partie des incorrigibles, des fainéants invétérés auxquels, après les quatre jours d'épreuve, on ne croit pas devoir accorder une prolongation de patronage.

Nous avons compté, en 1895 :

212 rapatriés,
6 réconciliés avec leur familles.
285 engagés au service militaire,
3 expatriés,
894 Placés comme ouvriers, hommes de peine, etc.
109 restaient aux asiles au 31 décembre.

Cette même proportion se retrouve à peu de chose près chaque année.

Il convient d'insister sur le nombre des engagements militaires. C'est, en ce qui touche les libérés jeunes et valides, la meilleure ressource du patronage. La Société était arrivée, avant la loi sur le recrutement de 1889, à faire entrer au service jusqu'à 442 sujets. C'est le chiffre de 1888. Cette loi a créé de graves entraves à notre action. Désormais, les bataillons d'infanterie légère d'Afrique, devenus à l'heure actuelle de véritables régiments de condamnés, sont seuls ouverts, dans la plupart des cas, à nos protégés. La légion étrangère elle-même ne peut plus les recevoir qu'accidentellement. Le nombre des engagements est tombé, dès l'année suivante, à 158. Il s'est, depuis, peu à peu relevé. Les chiffres des deux dernières années ne sont toutefois encore que de 249 et 285.

Malgré ce ralentissement dans cette partie si importante de notre service, le nombre total des libérés engagés par les soins de la Société pendant les dix dernières années est de 2.814. La plupart ont eu au corps une bonne conduite. Un certain nombre sont venus se faire honneur auprès de nous, après leur rentrée dans la vie civile, des certificats de bonne conduite ou des galons obtenus.

Résultats financiers. — La dépense moyenne de chaque libéré, après s'être abaissée de 35 francs en 1886 à 21 francs en 1892, n'est plus, pour 1895, que de 15 fr. 70.

C. — Difficultés et solutions.

Des difficultés inhérentes au patronage des libérés, il en est que la patience, la ténacité et le progrès des mœurs pourront résoudre avec le temps. Ce sont le scepticisme dans l'efficacité de l'Œuvre elle-même, les préventions contre ceux qu'elle s'efforce de relever, l'indifférence publique et le défaut de concours qui en résulte. C'est encore le faux point d'honneur qui considère comme une humiliation le contact des libérés dans l'atelier et les défiances même des libérés.

Il en est d'autres qu'on ne pourra surmonter qu'avec l'aide de la loi.

Tel est l'obstacle si grave qui résulte des vices de notre système pénitentiaire. La cellule, qui a tout au moins l'avantage de soustraire le détenu aux influences funestes des contacts, au danger des entraînements ou des chantages qui en sont si souvent la conséquence, et de le livrer, après les salutaires suggestions de l'isolement, aux bons conseils du patronage, n'existe presque nulle part encore. Le libéré est ainsi souvent détourné de s'adresser aux seules institutions qui pourraient la soutenir et l'assister, et, s'il y recourt, il n'y arrive que dans des conditions assurément moins favorables.

Telles sont aussi les entraves qui résultent du casier judiciaire. Assurément, nul ne peut avoir la pensée de priver la société des services que rend cette utile institution. Elle donne à la justice une base plus solide et peut protéger les particuliers contre certaines surprises des malfaiteurs. Mais sa généralité, qui n'exclut aucune faute, sa durée, que la réhabilitation seule peut limiter, causes de découragements si poignants et de si fréquentes rechutes, sont-elles indispensables à son bon fonctionnement ? Ne dépassent-elles même pas les droits de la justice ? Est-il admissible que toute condamnation, si légère qu'elle soit, entraîne cette marque infamante qui peut suivre un malheureux jusqu'à sa mort, lui fermer toutes les portes et paralyser, par l'impossibilité de trouver du travail, ses meilleures résolutions ? Est-il supportable que les conséquences d'une peine temporaire soient perpétuelles et deviennent ainsi elles-mêmes une peine que la loi n'a jamais instituée ?

Quand, à l'exemple d'autres pays, de la Belgique notamment, une réforme conforme à l'équité aura modifié ces abus, le patronage rencontrera, dans un grand nombre de cas, moins d'obstacles, et la récidive offrira assurément moins de cas douloureux.

Le Président,
E. BÉRENGER.

___

PARIS
Société Centrale de patronage pour les libérés.

Réponse de M. Léonce LARNAC

A. — But et fonctionnement.

BUT. — La *Société Centrale de patronage pour les libérés* fonctionne depuis sept ans. Elle s'occupe spécialement des hommes et pratique à peu près exclusivement le patronage individuel. Son secrétaire général fait des visites régulières à la maison centrale de Poissy et à la prison de la Santé; généralement les audiences ont lieu dans la loge des gardiens. C'est là que se recrute sa clientèle, parfois très intéressante. La Société s'occupe aussi des libérés qui lui sont signalés par des Sociétés de province ou même de Paris.

Nous continuons à travailler, comme nos statuts l'indiquent, au développement de certaines Sociétés existantes, et nous avons pu donner à quelques-unes une impulsion salutaire.

PÉCULE. — Nous n'exigeons pas de nos libérés la remise de leur pécule. J'estime, pour ma part, que c'est là une mesure qui ne pourrait que froisser le libéré et qui serait vis-à-vis de lui un acte de défiance au moment même où il s'agit de le traiter en homme, en témoignant d'une certaine confiance en lui.

B. — Résultats.

Nous nous sommes occupés de 2.066 libérés, et nous avons pu être utiles à la moitié d'entre eux environ. Il faut ajouter à ce chiffre près de 3.000 étrangers libérés, dont les notices ont été transmises à diverses Sociétés de patronage, car notre Société s'occupe beaucoup de patronage international.

Notre Société a surtout à cœur, en ce moment, la question des individus soumis à l'interdiction de séjour, soit en vue de la libération conditionnelle, soit en vue de la libération définitive.

C. — Indications générales.

Pour donner les indications réclamées par le Questionnaire, et que nous aurait suggérées l'expérience pour l'extension du patronage et son efficacité, nous dirons que nous croyons avant tout à l'efficacité du patronage individuel. Nous estimons, en outre, qu'il convient de se garder de donner au patronage une couleur administrative ou policière.

Le patronage doit être essentiellement humain et pratique.

Le Secrétaire général,
L. LABNAC.

PARIS

Œuvre du Patronage des prévenus acquittés de la Seine.

Réponse de M. de LALAIN CHOMEL

A. — Définition et fonctionnement.

L'*Œuvre du Patronage des prévenus acquittés de la Seine* a été fondée en 1836 par des magistrats de Paris ; elle est tout spécialement placée sous la direction des membres de la Cour d'appel de Paris et du tribunal de la Seine qui s'en réservent l'administration et est présidée de droit par le Président de ce Tribunal.

BUT. — Cette Œuvre a pour but de recueillir les individus qui sont remis en liberté *après une ordonnance de non-lieu ou un acquittement*, et qui, momentanément sans asile, lui sont adressés par les magistrats devant lesquels ils ont comparu. Les fondateurs de l'Œuvre avaient eu en vue l'accomplissement d'un acte de justice vis-à-vis d'innocents qu'une détention préventive avait privés de travail et de moyens d'existence. Ainsi compris, les secours de l'Œuvre ne pouvaient recevoir que de rares applications ; aussi dut-on, dès le début, les étendre à une autre catégorie bien plus nombreuse, celle des individus traduits en justice pour des délits de vagabondage, de mendicité ou autres insuffisamment caractérisés, et qui sont remis en liberté après une très courte détention. L'Œuvre de réparation devint surtout une œuvre de bienfaisance et de charité, et la Société conserve encore aujourd'hui ce caractère. C'est pour ce motif que la plupart des lettres d'asile (V. *Annexe*) sont délivrées par les substituts chargés du service du Petit Parquet, qui font subir les premiers interrogatoires. Les Présidents des Chambres correctionnelles ont rarement recours à l'Œuvre ; ils auraient l'occasion de le faire en faveur des individus qu'ils condamnent et auxquels ils accordent le bénéfice de la loi nouvelle sur la suspension de l'exécution de la peine, mais les statuts de la Société n'ont en vue que les prévenus acquittés et ne permettent pas d'accueillir cette catégorie, qui comprend des libérés conditionnels.

ASILE. — Les prévenus sont hospitalisés dans une maison louée à cet effet, 136, rue Broca, et qui possède 14 lits, dont 2 réservés aux femmes. Ils y séjournent pendant le temps jugé nécessaire à leur placement, en moyenne pendant cinq nuits ; ils y sont nourris ; ils reçoivent les vêtements dont ils ont besoin, et sans lesquels ils ne pourraient se présenter en tenue convenable dans les ateliers et chez les patrons. Ces derniers secours ont une importance capitale pour le placement des prévenus et le Comité veille à ce qu'ils soient très généreusement distribués. L'Œuvre s'interdit toute remise d'argent comptant.

PLACEMENT. — Les prévenus doivent, dès le matin, quitter l'Asile et n'y rentrer que le soir ; pendant toute la journée ils doivent se mettre en quête d'un travail. Le Directeur de l'Œuvre leur fournit toutes les indications utiles ; il les envoie chez les patrons ou dans les ateliers qui peuvent les recevoir ou les adresse à d'autres Sociétés charitables, auprès desquelles, par leur situation spéciale, ils trouveront accès ; il facilite par ses démarches le retour dans leur pays d'origine de ceux qui arrivent de province, l'engagement militaire de ceux qui sont propres au service, et l'entrée des infirmes dans les hospices et hôpitaux.

B. — Résultats.

BUDGET. — Le budget du Comité se compose de cotisations dont le montant est de 10 francs, de collectes du Jury, de subventions du gouvernement et de souscriptions des compagnies judiciaires. Les dépenses, pendant l'année 1895, se sont élevées à 6.000 francs environ, d'où résulte une dépense moyenne de 8 fr. 16 par assisté.

En 1895, l'Œuvre a assisté 735 prévenus, dont 54 femmes ; le tiers environ est âgé de moins de vingt et un ans. Le choix judicieux des magistrats qui seuls peuvent disposer des lettres d'asile, la situation digne d'intérêt d'individus sortant de prison sans condamnation, l'intervention vigilante du Directeur font que les placements se réalisent dans des conditions satisfaisantes. Pendant ces dernières années, la proportion des assistés pourvus de travail, engagés au service militaire, placés dans des hospices ou hôpitaux, rapatriés dans leur pays d'origine, a varié entre 75 pour 100 et 80 pour 100.

C. — Indications générales.

L'Œuvre des prévenus acquittés de la Seine, sous des apparences modestes et avec un budget de recettes et de dépenses très restreint, offre un appui effectif à une catégorie de malheureux plus particulièrement dignes d'intérêt, puisqu'ils sont remis en liberté sans condamnation et quelquefois après une détention préventive qui leur a fait perdre leur travail. Ce sont pour la plupart des individus sans famille et sans appui, qui ont besoin d'un conseil et d'une direction, qui les acceptent avec docilité et sont reconnaissants des témoignages d'intérêt dont ils sont l'objet. S'ils n'étaient secourus par l'Œuvre, ils se trouveraient au moment de leur mise en liberté dans une situation identique à celle qui avait motivé les premières poursuites, et le jour même de leur sortie de prison seraient arrêtés de nouveau et, cette fois, traduits devant les tribunaux. L'Œuvre des prévenus acquittés a pour but de leur éviter cette condamnation, en les mettant en mesure de gagner leur vie; comme on l'a vu, elle obtient fréquemment ce résultat.

Le Secrétaire,

DE LALAIN CHOMEL.

SOCIÉTÉ DE PATRONAGE

EN FAVEUR DES PRÉVENUS ACQUITTÉS DE LA SEINE

Monsieur le Directeur est prié de recevoir le nommé ....
.... *âgé de* ....
né à .... *département de* ....
profession de ....

Renseignements Particuliers :	Signature du Magistrat qui envoie le Prévenu

Mise en liberté le 189

Jour de l'Entrée	Jour de la Sortie	Effets distribués

PARIS

Patronage de l'enfance et de l'adolescence et Maison de travail pour jeunes gens.

Réponse de M. ROLLET

A. — Définition et fonctionnement.

BUT. — Le *Patronage de l'enfance et de l'adolescence*, qui a pour annexe une maison de travail pour jeunes gens, a pour but d'assurer la protection des enfants orphelins, abandonnés ou en danger moral, particulièrement des garçons depuis l'âge de sept ans jusqu'à l'âge de dix-huit ans.

L'Œuvre s'occupe indifféremment des jeunes gens qui sont simplement abandonnés, aussi bien que de ceux qui sortent des prisons ou des maisons d'éducation correctionnelle.

MAISON DE TRAVAIL. — Tous les enfants et jeunes gens, de douze à dix-huit ans, qui viennent solliciter la protection de l'Œuvre comme étant sans ouvrage et sans ressources, sont aussitôt admis à la maison de travail. L'Œuvre s'occupe également des adolescents qui lui sont signalés par les magistrats et, quand il y a lieu, les fait visiter au parloir des prisons où ils sont détenus, de préférence par de jeunes avocats membres de la Société.

Outre les jeunes garçons reçus à la maison de travail, le Patronage recueille un certain nombre d'enfants de sept à douze ans, qui sont placés par ses soins en pension dans des orphelinats ou dans d'honnêtes familles de cultivateurs.

A la maison de travail, les jeunes gens reçoivent la nourriture et le logement en échange d'un travail facile (triage des graines, confection des étiquettes, etc.); les plus méritants reçoivent en outre une gratification en argent et en bons de vêtements.

PLACEMENTS. — L'Œuvre cherche à écouler le plus tôt possible les jeunes pensionnaires de la maison de travail; elle parvient à procurer à ceux qui le désirent des placements dans l'agriculture et l'industrie en se chargeant, si cela est nécessaire, de fournir un trousseau et de payer les frais de voyage. Quand elle a affaire à des jeunes gens susceptibles de contracter un engagement dans l'armée, elle s'empresse de les recommander à la Société présidée par M. Félix Voisin, dont le gracieux concours lui est particulièrement précieux. L'Œuvre favorise aussi les rapatriements, quand ses jeunes protégés ont des parents capables de les recevoir et de subvenir à leurs besoins.

Pendant leur séjour à la maison de travail, les jeunes gens reçoivent tous les secours religieux, moraux et médicaux, qu'il est possible de leur assurer. Après leur placement, l'on s'efforce de rester en rapport avec eux, soit par la correspondance, soit par les visites d'inspecteurs membres de la Société.

Le Patronage s'efforce d'entretenir les meilleurs rapports, tant avec les Administrations qu'avec les autres Œuvres de bienfaisance poursuivant un but analogue au sien; il est heureux de signaler l'appui particulièrement bienveillant qu'il rencontre de la part de la Préfecture de police. Son budget est d'environ 40.000 francs par an pour chacune de ses deux branches.

PÉCULE. — Les jeunes gens qui viennent solliciter l'appui du Patronage sont en général sans ressource aucune; quand par hasard ils possèdent un pécule, il est si insignifiant qu'il paraît inutile d'en exiger la remise.

MENDICITÉ DES ENFANTS. — Le Patronage a précisément pour but de prévenir le vagabondage et la mendicité des mineurs de dix-huit ans; il donne à tous ceux qui ont bonne volonté les moyens d'éviter ces deux délits. Ceux qui y persistent malgré l'appui de la Société peuvent donc avec justice être l'objet de mesures répressives.

B. — Résultats de l'Œuvre.

Pendant la seule année 1894, la maison de travail a recueilli 1.022 jeunes gens et en a placé, fait engager, rapatrié ou patronné définitivement 331. Les autres ont disparu après un séjour plus ou moins long à la maison, soit qu'ils aient eux-mêmes trouvé du travail, soit qu'ils aient préféré reprendre leur vie de vagabondage.

C. — Difficultés et solutions.

DIFFICULTÉS. — Les principales difficultés rencontrées par la Société sont d'ordre pécuniaire. Il est évident en effet que beaucoup d'argent est nécessaire pour recevoir *tous* les jeunes gens qui se présentent, pour les loger, les nourrir, les habiller, etc.; or le Patronage ne peut compter que sur la charité privée, qui est bien variable et d'ailleurs fort surchargée par la multiplicité des Œuvres.

La Société manque également de correspondants pour surveiller et patronner ses pupilles répartis dans les départements.

SOLUTIONS. — C'est par une active propagande et en se faisant connaître le plus possible que le Patronage espère arriver à surmonter ces difficultés. Toutes les personnes qui s'intéressent aux questions sociales ne peuvent, en effet, manquer de comprendre l'importance d'une œuvre qui s'efforce d'arracher à la misère et au vice des malheureux rencontrés à l'âge le plus critique de la vie.

INDICATIONS GÉNÉRALES. — Pour terminer, il faut émettre le vœu de voir se former, dans chaque arrondissement, des Sociétés pour le patronage des libérés et la protection de l'enfance et de l'adolescence. C'est par les généreux efforts de l'initiative privée — initiative qui devrait être encouragée et subventionnée par l'État et les Administrations — que ce grand but peut pratiquement être atteint.

Que les Œuvres de patronage, en se multipliant, conservent entre elles des rapports étroits, grâce au bienveillant intermédiaire du *Bureau central*; qu'elles poursuivent avec courage d'un commun accord leur lutte contre la misère et le crime, bientôt nous verrons diminuer dans une sensible mesure le nombre des malfaiteurs et augmenter celui des honnêtes gens; nous n'aurons plus d'inquiétudes à avoir sur les destinées de notre chère Patrie.

H. ROLLET.

PARIS

Œuvre des libérées de Saint-Lazare.

Réponse de M. BOGELOT

A. — Définition et fonctionnement.

But. — L'*Œuvre des libérées de Saint-Lazare* s'occupe du patronage des femmes et jeunes filles sortant des prisons de femmes, et des enfants qu'elles peuvent avoir à leur charge.

Elle patronne également, à titre de préservation, les femmes et les jeunes filles qui, faute d'un peu d'aide au moment opportun, sont exposées à tomber dans l'inconduite ou dans le crime.

Les patronnées, lorsqu'elles font appel aux visiteuses de l'Œuvre, viennent des prisons de Saint-Lazare, Nanterre, Clermont, du Dépôt, etc. Un certain nombre sont adressées directement par MM. les juges d'instruction et les substituts du Petit Parquet, lorsque ces magistrats songent à classer leur affaire ou à rendre une ordonnance de non-lieu à la condition que la prévenue ou l'inculpée soit patronnée par une Société. C'est dans ces mêmes conditions que l'on confie à l'Œuvre le soin de surveiller officieusement des libérées conditionnellement.

Moyens d'action. — Les visites dans les prisons de Paris sont faites régulièrement par la Directrice et la Secrétaire de l'Œuvre. Comme il est très difficile de trouver des dames patronnesses consentant ou pouvant s'astreindre à un service régulier, on a été contraint d'avoir recours à une secrétaire appointée qui, d'ailleurs, s'acquitte très bien de ce service.

Les modes de patronage consistent principalement dans de nombreuses démarches en vue de réconcilier la patronnée avec sa famille, son mari, ses enfants, ses patrons, pour lui procurer un asile et du travail dès le jour de sa libération, conditionnelle ou définitive. Quand cela est possible, on renvoie les patronnées dans leur pays ou leur département d'origine. A cet effet, l'Œuvre sollicite des Compagnies de chemins de fer des billets de demi-place et paye le surplus.

Enfin, et très exceptionnellement, l'Œuvre donne quelques secours en argent pour payer, soit un terme arriéré, soit un terme d'avance, ou des achats d'outils, machines à coudre, etc.

Un vestiaire, alimenté par les dons volontaires des adhérents, fournit de nombreuses pièces de lingerie et de vêtements.

Asile temporaire. — Mais le mode de secours qui rend le plus de services est l'*Asile temporaire* que possède la Société à Billancourt.

Dans cette petite maison, dirigée par une gardienne, sous la surveillance du Comité de direction, on reçoit les femmes pour lesquelles on n'a pu trouver un asile et du travail dès leur sortie de prison.

SITUATION DES PETITS

ANNÉES	FEMMES ou FILLES (âgées de plus de 13 ans) venant :			ENFANTS (au-dessous de 13 ans) venant :			Totaux des entrées	Totaux des journées passées à l'Asile	Moyennes du nombre de jours par personne
	du Dépôt ou de la Préfecture	de St-Lazare ou autre prison	directement ou envoyées par le Secrétariat	du Dépôt ou de la Préfecture	de St-Lazare ou prison	de chez leurs parents			
	(a)	(b)	(c)	(d)	(e)	(f)	(g)	(h)	(i)
Asile n° 1									
1884	5	3	3	2	12	3	28	1 363	45.1
1885	4	7	»	2	1	10	24	851	35.4
1886	»	7	20	3	2	2	34	710	20 8
1887	13	7	14	2	1	5	42	981	23.3
1888	4	9	17	3	4	1	38¹	852	22.4
1889	21	20	15	2	4	11	73²	1 048	14.3
1890	13	35	21	»	»	10	82	845	10 3
1891	27	32	21	3	2	11	96	1.007	10.4
1892	28	29	23	4	2	10	96	986	10.3
1893	33	27	23	2	»	8	93	1.016	10 9
1894 1er stre	5	10	16	»	»	3	34	409	12.0
	153	186	173	23	28	74	640	10 068	15.7
Asile n° 2									
1885 2e stre	»	2	2	»	2	3	9	464	51.5
1886	1	3³	17	1	2	2	26	642	24 5
1887	5	9	15	1	1	3	34	859	25.2
1888	7	1	14	2	1	3	28	677	24.1
1889	16	14	16	3	2	5	56	1 099	19.6
1890	12	24	16	1	»	11	64	801	12.5
1891	15	24	12	»	»	17	68	598	8.8
1892	15	25	13	1	»	16	70	613	8.75
1893	13	20	17	»	»	3	53	637	12.01
1894 1er stre	4	8	9	»	»	2	23	356	15.04
	88	130	131	9	8	65	431	6 746	15 6
Asile N° 3 1894 2e semestre	24	31	11	1	»	5	72	844	11 17
Récapitulation									
Asile 1	153	186	176	23	28	74	640	10.058	17.5
Asile 2	88	130	131	9	8	65	431	6 746	15.6
Asile 3	24	31	11	1	»	5	72	844	11.7
	265	347	318	33	36	144	1.143	17 658	15.45

1 Plus 4 bébés avec les mères. — 2 Plus 1 bébé avec la mère. — 3 Plus 2 bébés avec les mères.

OBSERVATIONS

Le tableau ci-joint montre : 1° Que le total des entrées annuelles (colonne g) a plus que quadruplé depuis la fondation des Asiles. — 2° Qu'au cours de la même période et conformément à cet accroissement du nombre des entrées, la durée moyenne de séjour (col. i) a subi une réduction progressive et est tombée de 45 à 12 journées par personne pour l'Asile n° 1, de 51 à 15 pour l'Asile n° 2 et n'a été que de j. 11.7 pour le nouvel asile (n° 3). — 3° Que parallèlement à la réduction du temps de séjour s'est accrue l'action bienfaisante de l'Œuvre, puisque la proportion des femmes, filles ou enfants placés s'élève pour l'Asile n° 1 à près de 90 0/0, pour l'Asile n° 2 à 80 0/0 environ, et pour l'asile n° 3 à plus de 84 0/0 du nombre des personnes recueillies (col. r). — 4° Un fait également digne d'être noté consiste dans le nombre des enfants reçus, 213 (col. d, e, f). Ces enfants attendent à l'abri de tout contact funeste qu'une mère leur soit rendue, que la famille puisse les reprendre ou que l'Œuvre, à défaut de mère ou de parents, assure leur

ASILES TEMPORAIRES

FEMMES ou FILLES				ENFANTS			Totaux des placements ou rapatriements	Proportions des placements aux entrées
placées par l'Œuvre	rapatriées par l'Œuvre	reprises par la famille	placées par elles-mêmes	unis en nourrice ou placés par l'Œuvre	rapatriés par l'Œuvre	rendus à la mère ou à la famille		
(j)	(k)	(l)	(m)	(n)	(o)	(p)	(q)	(r)
5	2	»	»	5	»	12	24	85 » 0/0
6	1	»	2	5	»	7	21	87 » »
11	5	3	»	3	»	3	25	73 50 »
14	2	2	»	2	»	4	24	57 » »
15	1	4	»	1	»	6	27	71 » »
27	9	7	»	5	»	12	60	80 » »
45	7	6	5	1	1	10	75	71.40 »
48	13	4	4	1	3	12	85	88 50 »
46	12	6	6	1	3	12	86	89 47 »
54	9	5	5	2	»	8	83	89 24 »
24	1	1	1	1	»	2	30	88 23 »
295	62	38	23	27	7	88	510	84 37 0/0
3	»	1	»	1	»	4	9	100 » 0/0
11	»	»	4	2	»	3	20	77 » »
15	2	1	2	3	»	2	25	73 50 »
3	1	1	1	1	1	3	11	39 30 »
31	2	3	4	2	»	8	50	89 20 »
24	8	2	5	2	1	9	51	79.60 »
36	4	1	1	2	»	15	59	86 76 »
32	4	2	3	2	»	15	58	82 85 »
26	6	2	»	»	»	3	37	69.81 »
15	3	1	»	1	»	1	21	91 30 »
196	30	14	20	16	2	63	341	79 11 0/0
38	6	4	7	1	»	5	61	84 72 0/0
295	62	38	23	27	7	88	510	84 37 0/0
196	30	14	20	16	2	63	341	79 11 »
38	6	4	7	1	»	5	61	84.72 »
529	98	56	50	44	9	156	942	82.41 0/0

GÉNÉRALES

placement définitif. — 5° La colonne m du tableau a été réservée à une catégorie de femmes particulièrement intéressantes et dont la présence démontre une fois de plus l'utilité des *Petits Asiles temporaires*· Il s'agit des femmes à bout de ressources, qui ne pouvant payer un gîte ni placer leurs enfants, alors qu'elles manquent de travail, mais non de courage pour en chercher, parviennent, à la faveur d'un abri momentané, à se caser elles-mêmes, à gagner leur pain, celui de leurs enfants qui leur sont rendus dès qu'elles sont en mesure de les reprendre, et sont ainsi soustraites aux tentations engendrées par la misère et l'abandon.

L'asile n°3, destiné à remplacer les asiles n°s 1 et 2, bien que pouvant recevoir un nombre double de patronnées, a été organisé de manière à conserver les avantages du *Petit Asile temporaire*, à séparer les mères accompagnées de leurs enfants, à plus forte raison les enfants isolés, des autres personnes recueillies.

Par principe, l'Asile ne reçoit jamais plus de 6 à 8 pensionnaires ensemble. Le temps de séjour n'est limité que par le placement définitif de la protégée, ou son départ volontaire.

Un graphique qui a été exposé en 1895 à l'Exposition de Bordeaux, montre que, grâce à l'activité déployée par la gardienne et les dames patronnesses dans la recherche de positions pour les femmes hospitalisées, la moyenne du temps passé à l'Asile n'excède plus actuellement dix à onze jours. C'est donc environ 230 à 250 femmes qui passent chaque année par l'Asile.

Pécule. — L'Œuvre n'exige pas la remise du pécule.

Il convient, au surplus, de remarquer que les patronnées venant du Dépôt ou du Petit Parquet n'en ont aucun et que, pour celles venant des autres prisons, il est en général tellement insignifiant qu'il n'y a pas lieu de s'en préoccuper.

L'Œuvre ne s'occupe spécialement ni de mendicité ni de vagabondage.

Particularités. — Les particularités spéciales à l'Œuvre peuvent se résumer ainsi :

1• Le fonctionnement régulier et constant du système du petit Asile temporaire qui rend tant et de si heureux services et, surtout, permet de les rendre sans retard, au moment indispensable. C'est le véritable secours immédiat.

2° Le soin tout particulier qu'a pris la Directrice, depuis plus de quinze ans, de solidariser la Société avec toutes les autres Œuvres similaires, s'intéressant à toutes et n'hésitant ni à leur rendre ni à leur demander des services réciproques. C'est la solidarité des œuvres.

B. — Résultats.

Les résultats de l'Œuvre, le nombre des femmes secourues, le nombre des placements, des secours de toute nature donnés par elle, sont indiqués dans le tableau statistique de son fonctionnement que nous reproduisons ci-dessus et qui lui a valu en 1895 à l'Exposition de Bordeaux une grande médaille d'or.

C. — Difficultés et solutions.

Les difficultés rencontrées par l'Œuvre des libérées de Saint-Lazare, soit à son début, soit au cours de son fonctionnement, depuis vingt-six ans, ne paraissent pas avoir été autres que celles que rencontrent toutes les œuvres de philanthropie ou de patronage.

Ces difficultés consistent dans le recrutement des adhérents et surtout dans le recrutement de personnes, non seulement sympathiques à l'idée, mais consentant à lui donner, chose plus précieuse que l'argent, un concours personnel et régulier, et enfin dans le souci de ceux qui ont la direction de pourvoir aux nécessités de chaque jour, sans éveiller aucune susceptibilité administrative ou particulière.

MOYENS EMPLOYÉS. INDICATIONS SUGGÉRÉES PAR L'EXPÉRIENCE. — Sur ce point, l'Œuvre n'a rien à indiquer à personne et s'efforce de profiter des bons exemples qu'elle peut trouver chez les autres.

L'expérience que l'Œuvre a faite et qu'elle continue des *Petits asiles temporaires*, l'utilité et les grands services qu'elle en retire chaque jour, la conduisent à penser que cette forme de secours immédiat, facile à pratiquer, peu coûteux, enfin fécond en heureux résultats, est précieuse à mettre en pratique générale.

Elle pense que toutes les Œuvres de patronage, de libérés ou autres, auraient grand profit à l'employer et que, s'il existait, auprès de chaque prison, une Œuvre privée possédant un ou plusieurs petits asiles temporaires, la question générale du patronage des libérés serait, sinon complètement résolue, du moins considérablement avancée.

Elle est aussi d'avis que la création, aujourd'hui réalisée, d'une Union des Sociétés de patronage, la réunion périodique des Congrès nationaux de patronage, l'esprit réciproque de la solidarité entre toutes les Œuvres ne peuvent que faciliter beaucoup le relèvement des prisonniers libérés qui veulent sincèrement revenir au bien ; qu'enfin le patronage ainsi compris est le meilleur moyen de contribuer à la diminution sensible du fléau de la récidive.

G. BOUELOT,
avocat à la Cour de Paris.

PARIS

Œuvre de préservation et de réhabilitation des jeunes filles de quinze à vingt-cinq ans.

Réponse de Mme AUBER

A. — Définition et fonctionnement.

BUT. — L'*Œuvre de préservation et de réhabilitation*, dont le siège est à Argenteuil, 25, rue de Calais, recueille, dans un abri temporaire destiné à leur relèvement, les jeunes filles de quinze à vingt-cinq ans.

Cette Œuvre étant fondée particulièrement pour les jeunes filles qui ont commis un premier délit, elles sont visitées d'abord au Dépôt, puis suivies à Saint-Lazare pendant leur prévention, et enfin à Nanterre, dans le cas où le délit a mérité la prison.

Fonctionnement. — Le but de l'Œuvre étant le relèvement moral des jeunes filles, la durée de leur séjour au patronage varie suivant leur caractère plus ou moins facile, et surtout suivant leur degré d'abaissement ou de perversité.

Leur relèvement est puissamment aidé par l'atmosphère pieuse qui les enveloppe et par l'instruction religieuse qui leur est donnée ; et ce n'est que quand la Supérieure qui dirige le patronage, aidée des lumières de la Présidente et de la Vice-Présidente, croit le relèvement moral achevé, que la libération est tentée. Le séjour n'a donc aucun terme fixé d'avance. Généralement il dure six ou huit mois, et parfois dépasse l'année.

Cinq sœurs de Marie-Joseph se partagent les différents emplois : une heure de classe est régulièrement faite chaque jour ; la couture est enseignée non seulement de manière à faire de nos jeunes filles d'habiles ouvrières, mais de rapides ouvrières, préparant ainsi un gain lucratif à celles qui, au dehors, travaillent à leurs pièces. Les récréations, le réfectoire et les dortoirs sont sous la surveillance très exercée des religieuses, dont chacune a son emploi fixé par la Supérieure.

L'Œuvre ne possède momentanément que 35 lits, qui sont toujours au complet.

Les visites au Dépôt, à Saint-Lazare, quartier des Mineures prévenues, et quartier des Majeures prévenues, et, à Nanterre, sont exclusivement faites par les dames de l'Œuvre, une fois la semaine, et au jour de leur convenance. A Nanterre, où la Présidente va toutes les semaines, le vendredi a été imposé par le Directeur.

B. — Résultats.

L'Œuvre, depuis sa fondation (mars 1892), a recueilli 218 jeunes filles ; 185 sont sorties.

Plusieurs ont été rapatriées dans leur famille aux frais de l'Œuvre ; les autres ont été placées en province, dans des ouvroirs dirigés par les sœurs de Marie-Joseph, sans aucun engagement de séjour ; mais, comme celles qui choisissent ce parti sont ou orphelines ou ont une famille qui les a abandonnées, elles s'y créent généralement, au moyen des sœurs qu'elles aiment et des compagnes qui leur reconstituent une famille, un mode d'existence qu'elles préfèrent aux hasards de la vie.

Enfin, la cuisine étant enseignée, au Patronage, à celles de nos jeunes filles qui le désirent, cet enseignement, joint à celui de la couture, les rend propres à être des bonnes à tout faire. L'Œuvre s'occupe alors elle-même de les placer et leur donne un petit trousseau pour entrer en place.

Le placement, comme domestiques, ne pouvant être offert à toutes celles qui ont besoin de gagner leur vie, parfois à cause de leur caractère difficile, et l'ouvroir en province ne convenant pas toujours, l'Œuvre cherche en ce moment à organiser les moyens de faire travailler ses jeunes filles dehors comme lingères, et à la journée. Elle a réussi à leur assurer un coucher honnête à 3 francs la semaine. Cette catégorie de jeunes filles comprend ce que nous appelons notre patronage externe, dont le siège est à Paris, dans une École professionnelle dirigée par une religieuse. Tous les premiers dimanches de chaque mois, la Présidente et toutes les dames de l'Œuvre qui en ont le loisir vont passer leur après-midi au milieu des jeunes filles qui sont heureuses de les revoir, et qui parfois s'y font les apôtres de brebis égarées qu'elles ont rencontrées dans leurs connaissances d'autrefois.

Le salut du Saint-Sacrement est donné dans la chapelle par notre aumônier, qui vient exprès d'Argenteuil et dont nos enfants n'oublient jamais les charitables soins spirituels.

Après le salut, un goûter est servi ; et une loterie d'objets utiles est tirée une fois par an.

Deux de nos anciennes enfants sont mariées, et déjà mères de famille.

MARIE AUBER.

PARIS
Patronage des détenues et des libérées.

Réponse de Mme d'Abbadie d'ARRAST

A. — Définition et fonctionnement de l'Œuvre.

BUT. — Le *Patronage des détenues et des libérées* a pour objet, à Paris, le relèvement des femmes et des mineures qu'il visite dans les prisons et suit à la sortie de prison. Ce patronage s'exerce indistinctement sur toutes les catégories de femmes en état d'arrestation et de détention. Il a été autorisé par la Préfecture de police en mai 1891. Il fonctionne depuis 1890.

En province, dans les *Sections du Patronage des détenues et des libérées*, l'action s'étend, selon les nécessités des situations, sur les prisonniers hommes et mineurs, surtout sur ceux que leur âge, leur innocence relative, un premier délit rend plus dignes de l'intérêt qu'on s'efforce de leur témoigner.

VISITES. — Les visites se font dans les prisons selon les convenances de MM. les directeurs et gardiens chefs. Les personnes chargées de ces visites sont choisies parmi celles dont l'âge, la discrétion, le dévouement, le tact peuvent faire espérer que leur travail sera consciencieux, persévérant et respectueux des règlements des prisons.

PLACEMENTS. — Autant que possible, à leur sortie de prison, les libérés sont rapatriés, rendus à leur famille, placés selon leurs aptitudes, re-commandés à la *Société des engagés volontaires.*

Asiles. — A Paris, le patronage possédait deux asiles : un asile pour les femmes libérées ou en libération provisoire; un autre pour les mineures. Depuis le mois de janvier, des circonstances imprévues ont obligé à abandonner le second de ces asiles : et le premier fonctionne seul.

A Saint-Étienne, un petit asile pour les libérés est en voie de formation.

A Nice, une chambre leur est réservée dans une famille.

A Bayonne, le besoin d'un asile temporaire ne s'est pas fait sentir.

A Niort, Saintes, La Rochelle, Tarbes, on adresse, selon les cas, les libérés aux asiles de Bordeaux ou on les place directement à la sortie de prison. Surtout on les éloigne de leurs mauvaises relations.

A Montpellier, le personnel des libérées de la maison centrale présente, pour le patronage, de réelles difficultés. Les autres Sociétés de patronage sont venues gracieusement en aide aux dames visiteuses en accueillant les libérées.

Mais il faudrait plus encore, et une expatriation par laquelle la France se verrait débarrassée d'éléments dangereux, une organisation du patronage, soit en Tunisie, soit à Madagascar, rendrait de sérieux services.

Budget. — A Paris, le budget de l'Œuvre reste toujours insuffisant : ce budget s'alimente péniblement; ce budget s'alimente péniblement, au prix de grands efforts qui absorbent le meilleur de l'activité de la Société de patronage. En province, au contraire, où le travail est limité, le nombre des détenus n'étant pas considérable, les sections se suffisent facilement à elles-mêmes. Les dons les plus pressants à rechercher sont les dons en nature, vêtements, chaussures, linge : l'argent est d'une importance secondaire.

Pécule. — Le patronage n'exige la remise du pécule qu'à Paris, dans l'asile temporaire, où argent et bijoux doivent être remis à la Directrice. La mesure de la remise du pécule par les patronnés ne serait vraiment utile que si on la prenait à l'instant même de la libération et ne devrait, en tout cas, être que temporaire.

Particularités. — A Paris, le patronage s'est occupé des mineures en observation et des mineures de l'article 66. L'asile de Levallois leur était destiné; cet asile ayant été malheureusement supprimé, le patronage a, pour l'instant, cessé cette branche importante de son travail.

La particularité relative au fonctionnement de l'Œuvre, c'est d'avoir surtout en vue la visite et le patronage des détenus cellulaires.

B. — Résultats.

Nos résultats sont, en général, encourageants.

A Paris, depuis 1890, l'Œuvre a hospitalisé une moyenne de 700 femmes et 100 mineures. Sur ce chiffre, le plus grand nombre des femmes a été placé.

Beaucoup demandent la réhabilitation, mais sont arrêtées dès le début dans leurs démarches par la crainte des enquêtes de police. Ce sont des ouvrières, des caissières, des domestiques. Elles craignent que la demande de renseignements ne fasse connaître à leurs patrons leur passé et préfèrent encore conserver leur casier judiciaire tel quel.

C. — Difficultés et solutions.]

La question d'avoir un budget proportionné aux besoins du patronage est, a été et restera notre insurmontable difficulté.

Une autre difficulté, inhérente à notre genre de travail, réside dans ce fait que l'on ne rencontre que peu de personnes vraiment qualifiées pour l'œuvre du patronage et qui veuille la prendre à cœur et y persévérer avec la ténacité nécessaire. L'effort est si grand qu'il peut lasser les caractères les plus fermes et qu'il ne faut, dans toute Société de patronage de prisonnier, compter que sur une, deux ou trois personnes qui font l'œuvre avec dévouement et capacité.

Il faut former le patronage de peu de membres choisis avec le plus grand soin. Souvent, en province, une personne ou deux suffiront pour faire toute la besogne. Mais c'est cet ouvrier ou cette ouvrière que l'on devrait fortifier par une généreuse sympathie, en lui fournissant les moyens d'accomplir son œuvre.

Après le bon courage des personnes qui s'y emploient, le patronage, pour être couronné de succès, aurait besoin de trouver un milieu social plus sain, moins dangereux. Les réformes des lois mauvaises et insuffisantes, la réforme et la suppression des mesures administratives nuisibles à la sécurité de la femme, le concours des patrons d'atelier, des maîtres vis-à-vis de leurs servantes, le redressement d'épouvantables abus chez les commerçants (la licence, les bals, les fêtes foraines) restent, à Paris et en province, les indications que l'expérience suggère pour l'extension du patronage et pour son efficacité.

La Secrétaire générale,
D'ABBADIE D'ARRAST.

PARIS

Société pour le patronage des jeunes détenus et des jeunes libérés du département de la Seine.

Réponse de MM. JORET-DESCLOSIÈRES et de CORNY

A. — Définition et fonctionnement.

BUT. — La Société de patronage a pour but de préserver des dangers de la récidive et de rendre aux habitudes d'une vie honnête et laborieuse les jeunes détenus et les jeunes libérés du département de la Seine.

La Société a été fondée en 1833, par MM. Bérenger et Charles Lucas, et a été reconnue d'utilité publique en 1843. — Grâce à son action bienfaisante, un grand nombre de jeunes détenus sont devenus de bons ouvriers, même des chefs d'ateliers. Tous ont passé par les armées de terre ou de mer; plusieurs s'y sont distingués et y ont obtenu des grades.

VISITES. — Chaque semaine, la Société charge un de ses Membres de visiter dans leur cellule, à la Petite-Roquette, les enfants qui sont envoyés en éducation correctionnelle par application de l'article 66 du Code pénal; elle provoque ensuite, auprès du Ministère de l'Intérieur, la libération de ceux qu'elle reconnaît susceptibles d'être mis en liberté provisoire sous sa responsabilité.

PLACEMENTS. — La Société tient lieu de famille à ses patronnés; elle les place en apprentissage et entretient avec eux des relations constantes en les visitant chez leurs patrons.

ENTRETIEN. — La Société se charge de l'entretien complet de ses patronnés pendant toute la durée de leur éducation correctionnelle; leur nombre n'est pas limité.

ENGAGEMENTS. — La Société facilite l'engagement de ses patronnés qui, à dix-huit ans, ont terminé leur apprentissage; elle fait elle-même toutes les démarches auprès des autorités, dont la bienveillance lui a toujours été acquise.

Elle reste en correspondance suivie avec ses militaires et leur envoie régulièrement des secours et des encouragements; plusieurs sont gradés, parmi lesquels quelques-uns ont rengagé. Ceux qui sont revenus étaient porteurs du certificat de bonne conduite.

Pendant la durée de leur service militaire, ceux qui n'ont pas de famille pour les recevoir, et qui obtiennent une permission ou congé quelconque, viennent le passer à la Maison d'asile qui leur est toujours ouverte et y trouvent tout ce qui leur est nécessaire.

A leur sortie du service, la Société pourvoit à leurs besoins et à leur placement.

ASILE. — La Société réunit ses patronnés chaque dimanche dans la Maison d'asile qu'elle a créée pour eux, rue de Mézières, n° 9: un médecin y est attaché et les soins de toute nature leur sont donnés.

Il leur est fait des cours de musique, de gymnastique et d'exercice militaire pour développer leurs aptitudes corporelles.

APPUI MORAL. CONSELS. — Le Conseil d'administration se réunit une fois par mois. L'un des membres prend la parole et adresse aux patronnés une allocution, appropriée à leur âge et à leur situation, pour développer chez eux les sentiments du devoir et de l'honnêteté.

PÉCULE. — Le pécule des enfants, dont la Société obtient la liberté, est insignifiant; le peu de temps de détention ne permet pas d'accumulation un peu sérieuse.

La Société laisse à ceux qu'elle a placés la disposition de l'argent qu'ils gagnent; elle se réserve seulement d'en surveiller l'emploi. Il serait impossible, dans une ville comme Paris, d'agir autrement avec des jeunes gens en liberté. Du reste, ils ont, pour la plupart, des livrets de caisse d'épargne sur lesquels ils mettent la plus grande partie du gain de la semaine; ils sont d'ailleurs placés chez des industriels qui leur enseignent l'ordre et l'économie.

La Société est en relations avec les œuvres similaires.

B. — Résultats.

La récidive, qui, au début de la Société, était de 75 pour 100, varie aujourd'hui entre 5 et 10 pour 100.

Pour ne remonter qu'au 1er janvier 1870, la Société a obtenu depuis cette époque la libération provisoire de 935 jeunes détenus; en outre, elle a pris sous son patronage 337 jeunes libérés dont l'éducation correctionnelle était expirée.

Il est donc entré à la Société, du 1er janvier 1870 au 31 décembre 1895, 1.272 patronnés.

C. — Difficultés.

La Société ne rencontre aucune difficulté sérieuse.

Soutenue par l'Administration pénitentiaire, encouragée par la magistrature, elle trouve auprès de tous un accueil bienveillant.

La principale difficulté vient de l'instabilité de ses pupilles dans les placements qu'elle leur procure, instabilité due aux instincts vagabonds très difficiles à déraciner complètement, et parfois aux mauvais conseils de leurs parents qui cherchent souvent à les détourner de leur apprentissage dans le but de les reprendre avec eux.

Pour vaincre cette difficulté, il faut une surveillance continue et très exacte; il faut ne jamais perdre de vue ces enfants, les entourer de soins constants et aller les voir chez leurs patrons le plus souvent qu'il est possible.

Tels sont, selon nous, les seuls moyens de les maintenir dans leur maison d'apprentissage et sous la direction de la Société de patronage.

Le Secrétaire général,
C. DE CORNY.

Le Président,
GABRIEL JORET-DESCLOSIÈRES.

———

PARIS

Au nom de la Société de protection des engagés volontaires élevés sous la tutelle administrative.

Réponse de M. le Conseiller Félix VOISIN

A. — Définition et fonctionnement.

BUT. — La *Société de protection des engagés volontaires élevés sous la tutelle administrative*, fondée le 20 mai 1878, et reconnue d'utilité publique le 8 août 1891, a pour but d'encourager les engagements volontaires des jeunes gens élevés :

1° Dans les maisons d'éducation pénitentiaire, publiques ou privées ;

2° Sous la tutelle de l'Assistance publique en qualité : soit d'enfants assistés, soit d'enfants moralement abandonnés, qui, ayant atteint l'âge de l'engagement pour les armées de terre (18 ans) et de mer (16 ans) (1), se sont montrés dignes d'aide et de protection par leur bonne conduite, leur assiduité au travail et leurs progrès à l'école.

L'action protectrice de la Société, à l'égard de ces jeunes gens, s'exerce pendant la durée de leur séjour au corps, dans les conditions et les limites déterminées par l'autorité militaire, ainsi que par l'autorité maritime; elle les accompagne également au moment de leur rentrée dans la vie civile (*art. 1 des Statuts*).

(1) Par suite d'une décision récente de M. le Ministre de la Marine, les engagements ne sont plus reçus, dans les équipages de la flotte, qu'à 18 ans.

La sollicitude de la Société s'étend aussi aux jeunes gens qui, frappés d'une condamnation, ont été appelés au service militaire par la loi du recrutement, si, pendant leur détention, ils ont témoigné d'un véritable repentir et donné des gages certains de leur retour à des sentiments honnêtes (art. 2).

La Société est en relations suivies et étroites avec tous les directeurs de colonies publiques ou privées, avec tous les directeurs d'agences de l'Assistance publique de Paris et avec tous les inspecteurs du Service des enfants assistés en province. Elle admet sous son patronage tous les jeunes gens qui lui sont adressés par eux. Elle accueille également tous les moralement abandonnés qui lui sont recommandés par les parquets, les juges d'instruction, la préfecture de police, les œuvres de relèvement moral ou de patronage, et même par les familles ou des personnes charitables quelconques.

A Paris, ses membres visiteurs s'entretiennent régulièrement chaque semaine à la Petite Roquette, dans leurs cellules, avec tous les jeunes détenus majeurs de dix-huit ans qui sont aptes à contracter un engagement dans l'armée.

Ces visiteurs sont des membres du Conseil d'administration ou des personnes faisant partie de la Société, mais dont le tact, la prudence et la discrétion sont à toute épreuve : leur nombre, d'ailleurs, ne dépasse pas quatre.

Pendant les formalités qui précèdent la signature de l'engagement, les patronnés sont logés, si leurs parents ne peuvent ou ne veulent les recevoir, au Dépôt de mendicité de Nanterre, dans un petit quartier spécial où la préfecture de Police veut bien leur réserver quelques places.

Une fois au régiment, les pupilles sont l'objet d'une sollicitude constante qui s'exerce par une correspondance assidue tant avec eux qu'avec leurs chefs, par des visites aussi fréquentes que possible (1), par de petites récompenses en argent en cas de bonne conduite ou d'avancement, par des livrets d'honneur décernés solennellement aux plus méritants, par des secours en cas de maladie ou de détresse momentanée, par les conseils que ceux en garnison près de Paris ou en congé dans la capitale viennent prendre au siège social, par les facilités données à ceux d'entre eux qui ont un casier judiciaire pour obtenir leur réhabilitation, etc.

A l'expiration du service militaire, s'ils ne consentent pas à rengager (2),

(1) La Société possède des correspondants dans toutes les principales villes de garnison et dans toutes nos colonies d'outre-mer.
(2) La Société fait toujours les plus grands efforts pour décider ses patronnés à conquérir des grades et, ensuite, à rester dans l'armée pour y faire leur carrière.

nous les aidons à trouver une place, et le plus grand nombre d'entre eux
y parviennent sans trop de difficultés. Nous les dirigeons, autant que
possible, vers leur famille, vers leurs anciens patrons, vers leurs parents
nourriciers, et, après un échange de lettres ou quelques démarches,
nous avons la satisfaction de les voir repris ou placés par eux.
Pour ceux qui n'ont aucuns parents, même éloignés, et qui n'ont
d'autre appui que le nôtre, nous nous employons activement, et bientôt,
par nos conseils, par nos références, par le généreux concours que nous
trouvons auprès de plusieurs grandes Administrations publiques ou privées,
par des secours en argent ou même par des prêts, nous arrivons à les
mettre bientôt en état de gagner honorablement leur vie.

Le budget de la Société est de 58.000 francs.

PÉCULE. — Nous considérons la remise du pécule comme très utile.
Aussi en faisons-nous, au moins dans la forme, une condition de notre
patronage. Mais, en réalité, la rigueur de cette règle fléchit devant l'intérêt plus grand encore que nous trouvons à obtenir l'engagement. Si
donc nous voyons que cette remise doive entraîner un refus d'engagement, nous renonçons ; artiellement, parfois même totalement, à cette
exigence.

Pour les jeunes détenus des colonies pénitentiaires et pour les enfants
assistés ou moralement abandonnés, il n'y a pas de difficulté, vu leur
situation spéciale. Les livrets nous sont, dans le plus grand nombre des
cas, directement adressés par les Admininistrations compétentes, qui comprennent que, grâce à nos gratifications, à notre correspondance régulière et intime, à nos visites personnelles, nous possédons pour résister
aux demandes d'argent une autorité morale considérable. C'est ainsi que
nous arrivons à prévenir la dissipation de ces pécules, même après que
leurs titulaires ont atteint la majorité civile. A l'heure actuelle, le capital
que nous avons ainsi sauvé et que nous conservons sous la forme de
livrets de caisse d'épargne dans la caisse sociale monte à près de
100.000 francs.

PARTICULARITÉS. — Comme nous l'avons déjà dit, la Société n'a pas à
se préoccuper d'hospitaliser ses patronnés, qui tous sont sous les drapeaux. Elle trouve dans la discipline militaire le meilleur des soutiens
pour assurer leur maintien dans la droite voie. A leur libération, grâce
à leur certificat de bonne conduite (la Société ne continue son patronage
qu'aux bons sujets), ils arrivent assez aisément à se placer. Quand ils en
ont besoin, soit au régiment, soit après la libération, les petits encouragements et les secours que nous leur remettons leur permettent de franchir
une passe difficile ou d'attendre une place promise ou une occasion favorable. Mais nous considérons que les dons d'argent, quoique nécessaires
dans une certaine mesure, ne constituent qu'une faible partie de notre
mission. C'est par les relations personnelles que nous cherchons à établir

cette intimité, cette confiance entre le patronné et le patron qui sont la condition de notre action et le gage de son succès. Les enfants auxquels s'adresse notre patronage, enfants sans famille ou sortis de familles perverties, ont besoin d'autre chose que d'une direction intermittente ou lointaine. Ce sont des faibles de caractère ; il leur faut une véritable tutelle ; nous la leur donnons et ils l'acceptent avec reconnaissance. D'enfants qui parfois ne nous ont jamais vus, nous obtenons des témoignages d'une confiance illimitée : nous obtenons journellement des remises de fonds, des envois de primes d'engagement (1) ou d'économies réalisées sur des hautes paies; nous recevons le mandat de toucher et gérer une petite succession...

C'est ainsi que notre œuvre vient compléter celle tentée pour élever l'enfant. Elles sont légion, les œuvres qui s'adressent à l'*enfance*. Il y en a trop peu qui s'adressent à la *jeunesse*, à cet adolescent à peine sorti des classes primaires et déjà assailli par les passions et par les nécessités de la lutte pour la vie.

B. — Résultats.

Le nombre des patronnés est actuellement de 2.080, dont un tiers environ de jeunes détenus (art. 66) et 150 de mineurs condamnés. Le reste est composé d'enfants assistés (les plus nombreux) et d'enfants moralement abandonnés.

320 sont gradés, sans compter les soldats de 1re classe (62) et les matelots brevetés (89). 150 sont rengagés.

82 pour 100 se conduisent bien ou très bien; 18 pour 100 d'une façon passable ou mauvaise. Environ 150 chaque année doivent être rayés des contrôles de la Société par mesure disciplinaire, pour mauvaise conduite persistante.

Parmi les jeunes détenus, 77 pour 100 se reclassent définitivement et 23 pour 100 seulement tombent plus tard en récidive.

C. — Difficultés et solutions.

La Société ne rencontre aucune difficulté sérieuse.

ENGAGEMENTS. — Toutefois, auprès des bureaux de recrutement, un assez grand nombre de jeunes gens qu'elle cherche à faire engager ne

---

(1) Pour les encourager à l'épargne, la Société leur sert comme prime un intérêt annuel de 6 pour 100.

trouvent pas l'accueil qu'elle désirerait. A raison de leur vie passée ou de leurs tares héréditaires, beaucoup ont des constitutions ébranlées ou mal développées. Mais, en outre, les bureaux ont parfois une tendance à apprécier sévèrement ces tares, quand ils connaissent l'origine des postulants. En général, des visites et des conversations suffisent à dissiper ces préventions, et partout nous trouvons auprès de l'autorité militaire un concours bienveillant.

SOLUTION. — Mais il ne faut jamais espérer résoudre de pareils empêchements au moyen de la correspondance. C'est par des démarches personnelles, par des entretiens confidentiels qu'on dissipe les préjugés, qu'on convertit les opposants et qu'on les transforme souvent en auxiliaires précieux.

INDICATIONS GÉNÉRALES. — Nous devons adresser un solennel hommage aux services rendus par le *Bureau central*. Depuis sa création, nombre de Sociétés dont nous étions inconnus, et qui nous auraient peut-être éternellement ignorés, s'adressent à nous, sollicitent notre concours pour des engagements, nous transmettent leurs patronnés pour les placer sous notre protection, comprenant qu'il est difficile de confondre sous le même patronage des libérés adultes et des enfants, soit moralement abandonnés, soit même condamnés.

Grâce à lui, notre action s'est étendue, nos services sont universellement appréciés et utilisés.

Il a donc bien réalisé, en ce qui nous concerne, le but cherché par ses fondateurs.

FÉLIX VOISIN.

PARIS

Société de Patronage des jeunes adultes détenus dans les prisons du département de la Seine.

Réponse de M. Paul BAILLIÈRE

A. — Définition et fonctionnement.

La *Société de Patronage des jeunes adultes détenus dans les prisons du département de la Seine* a été fondée dans l'Assemblée générale du 27 mars

1895 et autorisée par arrêté du préfet de Police en date du 11 mai suivant.

BUT. — Elle se propose de visiter dans leurs cellules les jeunes prisonniers adultes, au moyen de membres de la Société agréés par l'Administration pénitentiaire; d'encourager leurs dispositions de repentir, de les faire rentrer dans la vie honnête et laborieuse, soit en les réconciliant avec leurs familles, soit en ménageant leur retour chez leurs anciens patrons, soit en leur en procurant de nouveaux.

Elle ne fait pas double emploi avec la *Société de protection des engagés volontaires* que dirige avec tant de dévouement M. le conseiller Félix Voisin ; elle est, au contraire, anxieuse de ne lui enlever aucun des sujets qu'elle recevra naturellement sous sa tutelle; car elle estime que le service militaire est une école de discipline et de devoir, et que rien ne peut le remplacer pour le relèvement moral des jeunes dévoyés.

Mais, à côté des individus qui peuvent contracter un engagement, on relève un nombre considérable d'enfants à qui cette ressource est interdite par leur âge, par leurs infirmités ou par le refus d'admission de l'autorité militaire. La prison les rejette donc sur le pavé de Paris, à peu près nus, sans abri, sans relations, après les avoir marqués d'une tare qui inspirera partout la défiance. Sans doute il y a parmi eux des natures vicieuses et incorrigibles; mais il y en a beaucoup que les circonstances, la misère, l'entraînement ont fait tomber dans une première faute (parfois un simple cas de vagabondage ou de mendicité) et qui sont exposés à rouler sur la pente, si l'on ne trouve pas le moyen de les retenir.

C'est à cette catégorie de jeunes gens que le Patronage des jeunes adultes tend la main

ASILE. — Après différents essais, il a renoncé au placement direct au sortir de la prison, et il a institué un temps d'épreuve qui dure au moins de un à deux mois, pendant lequel il observe la conduite et le travail de ses jeunes patronnés. A cette fin, il les installe dans un atelier qui est placé sous sa surveillance immédiate, et où il les fait travailler aux pièces. Il s'ensuit que leur bonne volonté et leurs progrès peuvent être mesurés journellement par leur livret de compte, et que la sélection se fait tout naturellement et très vite entre les paresseux et ceux qui ne demandent qu'à se relever. Pendant cette période d'épreuve, la Société complète l'insuffisance du gain de ses patronnés et assure ainsi leur vie matérielle, alimentation et coucher. Elle leur donne aussi des vêtements. Si elle éprouve parfois, du chef de ces avances, quelques déceptions, quand les patronnés se montrent indignes de la tutelle offerte, au moins est-el la satisfaction de penser qu'elle a ainsi épargné des mécomptes aux patrons qui veulent bien lui témoigner leur confiance.

BUDGET. — Il est difficile de parler du budget d'une Société qui a à peine huit mois d'existence et cinq mois de fonctionnement régulier. Nous

aurions besoin de 8 à 10.000 francs de ressources annuelles, dans les
proportions très modestes que nous désirons conserver le plus longtemps
possible à notre Œuvre. Nous ne les avons pas encore.

PÉCULE. — Le pécule des enfants que nous recueillons est insignifiant.
Les courtes peines ne permettent pas d'accumulation un peu sérieuse; si
les enfants que nous visitons ont quelques gains de ce chef, ils rentrent
plus volontiers chez eux ou cherchent à se placer directement, sans beaucoup y réussir.

MENDICITÉ ET VAGABONDAGE. — Nous nous sommes entendus avec le
maître d'un hôtel meublé qui loge nos patronnés, et nous le payons
directement. Quant à la nourriture, nous remettons chaque jour aux jeunes
gens la somme qui a été déterminée pour leur entretien quotidien.
En outre, le dimanche, la Société invite ceux qui sont libres à se réunir
l'après-midi dans un petit local où se tient l'agent de la Société, et où
les membres du Conseil viennent alternativement les voir et s'entretenir
avec eux.

B. — Résultats.

A la date du 15 février, 100 jeunes gens sortis de la Petite-Roquette
étaient venus frapper à notre porte. De ce nombre, 24 se trouvent encore
sous notre tutelle directe, et 16 sont rentrés chez leurs parents ou d'anciens patrons après un stage de plusieurs mois auprès de nous. Soixante
n'ont pas accepté ou se sont rendus indignes du patronage. Il est à remarquer que nous ne faisons pas entrer dans ces chiffres les jeunes gens que
nous avons pu réconcilier avec leurs familles, pendant leur séjour en cellule, et le nombre est assez important; ces jeunes gens promettent de nous
écrire, mais ne le font jamais.

Cette proportion de reclassés, qui paraît cependant déjà satisfaisante,
pourra s'améliorer, pensons-nous, grâce à la création des ateliers et du
stage intermédiaire qu'ils comportent.

C. — Difficultés.

Les difficultés sont sérieuses. La première, comme on a pu déjà le voir,
réside dans la fixation de la méthode qu'il convient de suivre. La seconde
est de faire comprendre à certaines personnes, et notamment aux Conseils
de prud'hommes, que nos patronnés ne sont pas des ouvriers ordinaires,
pouvant revendiquer les mêmes droits ou élever les mêmes prétentions
que ceux-ci.

Il y a lieu de s'occuper beaucoup des relations à créer et à étendre, soit pour entretenir l'atelier d'ouvrage, soit pour placer les patronnés. Il y a des chômages à éviter ou à conjurer. Il y a enfin tout un côté financier à organiser ou à prévoir.

Dans les ateliers et vis-à-vis des patronnés il faut une surveillance continue et très exacte; et pour pouvoir régulièrement assurer cette surveillance, il faut des collaborateurs actifs assez nombreux. Malheureusement le choix de ces collaborateurs est toujours très délicat : pour exercer le contrôle et la surveillance, il faudrait beaucoup de loisirs, beaucoup d'activité, beaucoup de tact et d'expérience ; or, on ne trouve en général le tact et l'expérience que chez les hommes d'un certain âge, qui sont presque toujours très occupés ou qui sont fatigués, et on ne rencontre les hommes de loisir que parmi les jeunes, qui manquent des autres conditions.

Le Secrétaire général,

PAUL BAILLIÈRE.

BORDEAUX

Société de Patronage des prisonniers libérés.

Réponse de M. le Président CALVÉ

A. — Définition et fonctionnement de l'Œuvre.

La *Société de Patronage des prisonniers libérés* s'est constituée à Bordeaux en vertu d'un arrêté du Préfet de la Gironde en date du 31 juillet 1874, et elle a été reconnue comme établissement d'utilité publique par décret du 13 juillet 1878.

Cette fondation est due à l'initiative de M. Charles Silliman, autour duquel se groupèrent plusieurs personnes charitables convaincues comme lui de la nécessité de venir en aide aux libérés susceptibles d'un retour au bien.

L'Administration se compose d'un conseil général qui comprend les membres de la Commission de Surveillance des prisons de Bordeaux et vingt membres élus en assemblée générale. Ce conseil nomme pour une durée de trois ans une commission exécutive de douze membres, auxquels incombe plus particulièrement le soin de pratiquer l'assistance de l'Œuvre.

La Société ne s'occupe que des hommes parvenus à l'âge adulte, c'est-à-dire âgés de dix-huit ans au moins. Avant la création de la *Colonie de Saint-Louis*, consacrée à l'assistance et la protection des enfants moralement abandonnés, son intervention était parfois sollicitée en faveur de mineurs de moins de seize ans, et elle ne la refusait jamais. Depuis la fondation qui vient d'être indiquée et qui a ajouté ses services à ceux que rendait déjà l'*Orphelinat de Gradignan*, dirigé par M. l'abbé Moreau, la protection des mineurs de seize ans est assuré par des organes dont le fonctionnement est au-dessus de tout éloge. Il arrive cependant quelquefois que, par suite de circonstances particulières, notre Société est amenée à s'occuper d'un enfant ; mais c'est généralement pour le rapatrier ou attendre son admission dans quelque asile, et ces cas deviennent de plus en plus rares.

Les hommes patronnés par la Société sont : 1° des condamnés qui viennent de subir leur peine dans la maison d'arrêt de Bordeaux dite Fort du Hâ ou dans son annexe, la prison de Labottière ; 2° des condamnés venus de quelque autre établissement de la circonscription pénitentiaire dont le siège principal est à Bordeaux ; 3° des individus qui, à la suite d'une arrestation ou d'une détention plus ou moins prolongée, ont été mis en liberté sans avoir eu à comparaître devant une juridiction de répression.

Il arrive aussi fréquemment que des gens dénués de ressources, sans asile et sans travail, menacés par suite de se voir arrêtés et traduits en police correctionnelle, viennent demander aide et protection à notre Société en s'adressant à M. le Directeur du Refuge ou à l'un des membres du Comité. Le secours qu'il sollicite ainsi ne lui est presque jamais refusé, parce qu'il y a, à son égard, un devoir de charité à remplir et parce qu'il faut le préserver du délit qu'il est près de commettre, mais l'exercice de cette bienfaisance dépasse les limites dans lesquelles devrait rigoureusement se circonscrire l'action de notre Œuvre, et nous avons dû, dans ces dernières années, nous en tenir plus étroitement à l'application de nos Statuts : cela nous a été rendu plus facile, grâce à la création d'Œuvres récentes, telles que l'*Hospitalité de nuit* et l'*Assistance par le travail.*

Notre Société a eu parfois à donner son patronage à des libérés conditionnels dans les termes prévus aux articles 6 § 2 et 8 de la loi du 15 août 1885 : le nombre de ses patronnés de cet ordre a été de 3 pour l'année 1893 et de 3 pour 1894, de 1 pour 1895.

Grâce à la libéralité de ses fondateurs, notre Société a pu acheter en 1878 un vaste corps d'immeubles où a été établi le *Refuge* destiné à recevoir les patronnés. Cet asile est placé sous la direction de M. Caron,

ancien officier d'administration, longtemps attaché au service de la ljus-
tice militaire. Le dortoir contient quarante lits et un surveillant est
chargé d'y maintenir la discipline, l'ordre et la propreté.

L'un des bâtiments du Refuge est utilisé comme atelier pour la fabrication des « ligots », ou fragments de bois de pin employés pour le chauffage : les hommes y sont aussi occupés à quelques travaux se rattachant
à l'industrie du crin végétal.

VISITES. — Le patronage des prisonniers libérés doit, pour s'exercer
avec efficacité, recevoir l'application la plus circonspecte, c'est-à-dire ne
s'adresser qu'à ceux qui sont réellement animés du désir de fuir toute
occasion de rechute et de revenir au bien. Cette sélection est particulièrement difficile dans une maison d'arrêt qui, comme le Fort du Hà à
Bordeaux, contient toujours un grand nombre de détenus : on ne peut
pas songer à voir chacun d'eux individuellement, et ce n'est que sur
l'avis qui peut être donné par les magistrats ou avocats mis au courant de la situation particulière d'un prisonnier, ou par les agents du Service pénitentiaire, en communication fréquente avec lui, qu'on est amené
à faire à son égard les démarches propres à lui faire comprendre et accepter le bienfait du patronage. La visite individuelle, qui devrait être la
règle, ne pouvant être, à Bordeaux, d'une pratique constante, voici comment nous procédons. A l'expiration de chaque quinzaine, deux des
membres du Comité se rendent au Fort du Hà et réunissent autour d'eux
les détenus qui sont sur le point d'être libérés et paraissent se trouver
dans des conditions favorables au succès de notre assistance. A la suite
d'une courte allocution ayant pour but de les renseigner sur le profit
matériel et moral qu'ils ont à retirer de notre patronage, nous nous en-
tretenons, dans le parloir, avec chacun de ceux qui sont disposés à se
rendre à notre appel. Cet entretien a lieu hors la présence des autres
détenus, et le Directeur du Refuge prend, s'il y a lieu, les mesures nécessaires pour que le libéré qui a accepté l'offre de notre protection soit,
dès sa sortie de prison, directement conduit à notre Asile.

En résumé, nous recourons le plus possible à la visite individuelle ;
mais, par suite des difficultés que nous offre sa pratique quotidienne,
nous usons des visites faites chaque quinzaine suivant le mode ci-dessus
exposé.

PLACEMENT. — Nous rencontrons dans ce mode d'application de notre
patronage les obstacles auxquels se heurtent tous les efforts tentés pour
procurer du travail à ceux qui en manquent et qui n'ont, pour la plupart,
jamais exercé une profession déterminée. Nous avons parfois obtenu de
certains chefs d'industrie ou d'atelier qu'ils voulussent bien s'associer à
notre Œuvre en accueillant parmi leurs ouvriers des hommes qui sor-
taient de notre Asile ; mais cet appui ne nous est accordé que dans des
proportions limitées. Cela tient en grande partie à la diminution du tra-

4

vail dans la plupart des industries. Nous devons aussi reconnaître que les patrons qui avaient consenti à employer nos patronnés n'ont pas poussé leur zèle charitable jusqu'à excuser une insuffisance professionnelle très fréquente chez des ouvriers de cette catégorie et ont, au bout de peu de temps, cessé de les employer. C'est surtout dans les chantiers où ils peuvent être occupés comme manœuvres que nos hommes trouvent généralement le travail qu'ils est indispensable de leur procurer sans retard, si on veut les soustraire au péril de la rechute. A l'époque des foins ou de la vendange, ils peuvent gagner quelque salaire à la campagne; mais, dans un département comme la Gironde, où la culture de la vigne est une profession exigeant une expérience et des notions toutes spéciales, on a bien de la peine à les faire attacher, comme domestiques, à des domaines consistant généralement en vignobles.

Engagements dans l'armée. — Nous faisons tous nos efforts pour déterminer nos jeunes gens à devancer l'appel de leur classe, et chaque année nous sommes assez heureux pour faire ainsi contracter quelques enrôlelements volontaires dans l'armée de terre ou la marine militaire. Il y en aurait peut-être un plus grand nombre, si les formalités auxquelles est soumis cet engagement n'entraînaient des lenteurs et des difficultés qui empêchent souvent nos conseils d'aboutir à un résultat utile.

Asile. — Le Refuge créé par notre Société, rue Malbec, 97, nous a toujours paru répondre à une des nécessités impérieuses du patronage dans une ville de l'importance de la nôtre. Il faut, en effet, que le libéré, à sa sortie de prison, ne soit pas obligé de chercher un abri dans les « garnis » où il retrouvera les repris de justice qu'il a pu connaître durant sa détention et qui chercheront à l'associer à leurs nouveaux méfaits. Notre Asile le protège contre cette dangereuse contagion; mais il n'y séjourne que pendant le temps qui lui est nécessaire pour se procurer, avec notre aide, les ressources dont il a besoin. Il y reste, en moyenne cinq à six jours. Après ce délai, son caractère, ses dispositions morales et son aptitude au travail se sont révélés. S'il est de ceux qui ont tout profit à retirer de notre patronage, nous lui continuons notre hospitalité et nous l'aidons à trouver les moyens de se suffire à lui-même.

Les pensionnaires admis au Refuge y jouissent d'une liberté relative, en ce sens qu'ils sont autorisés à sortir dans la matinée pour chercher du travail : pendant la journée, toute sortie hors du Refuge leur est interdite; ils y restent, occupés aux travaux de l'atelier, au service domestique ou à l'entretien du jardin.

Pécule. — Les hommes auxquels est accordé notre patronage sont sortis de prison après y avoir, le plus souvent, subi une courte détention, c'est-à-dire après une peine de quelques jours ou quelques mois de prison : le pécule dont ils sont nantis est, par suite, d'une faible importance. Nous le leur retirons dans le double but de leur assurer cette ressource pour le jour où ils quittent le Refuge, et d'éviter qu'ils n'en soient dépouillés par quelque autre patronné dont les manifestations hypocrites auraient surpris notre confiance.

Si ce pécule atteignait un chiffre de quelque importance, il y aurait, sans aucun doute, tout avantage à en conserver le dépôt, lorsque le patronné vient à quitter le Refuge et, selon ses besoins, la somme ainsi retenue serait, par fractions successives, ultérieurement mise à sa disposition. Le cas ne se présente jamais dans notre assistance, parce que, comme il a été dit ci-dessus, nos libérés sont généralement dépourvus de tout pécule ou n'ont, sous ce titre, que des ressources à peu près nulles.

MENDICITÉ ET VAGABONDAGE DES ENFANTS. — Notre Œuvre ne s'occupant que des adultes ne peut, sur cette question d'une si haute importance, exposer les résultats de son expérience personnelle. Mais la pratique de son patronage lui révèle, chaque jour, l'utilité des mesures à prendre contre la mendicité et le vagabondage des enfants. C'est, en effet, parmi ces jeunes délinquants que se rencontrent, en majeure partie, les dispositions perverses qui dégénèrent en vices incorrigibles et offrent alors une résistance invincible aux efforts du patronage le plus dévoué.

B. — Résultats de l'Œuvre.

Voici les résultats obtenus par notre Société durant les cinq derniers exercices se terminant au 1er novembre de chaque année :

Dix-septième exercice (1890-1891), 932 patronnés, sur lesquels 121 ont été placés.

Dix-huitième exercice (1891-1892), 872 patronnés, sur lesquels 145 ont été placés.

Dix-neuvième exercice (1892-1893), 746 patronnés, sur lesquels 181 ont été placés.

Vingtième exercice (1893-1894), 547 patronnés, sur lesquels 106 ont été placés.

Vingt-unième exercice (1894-1895), 414 patronnés, sur lesquels 115 ont été placés.

La diminution qui s'est ainsi produite chaque année dans le nombre de nos patronnés, et par suite dans le nombre de ceux qui ont pu être placés, tient à une restriction que nous avons dû apporter à l'exercice de notre patronage. Nous l'avons déjà dit au cours de cet exposé, notre protection a, dans une mesure progressive, été ramenée, autant que la charité nous le permettait, à l'objet essentiel de l'Œuvre, c'est-à-dire à l'assistance des prisonniers libérés, et nous avons laissé à d'autres Œuvres le soin de secourir des misères spécialement visées par leur fondation.

Le rapatriement est par nous largement pratiqué, et c'est un mode d'assistance qui ne saurait être trop recommandé. Il ne faut cependant y recourir que lorsque le patronné doit, au lieu où il est ramené, trouver sûrement l'appui matériel et moral qui lui est nécessaire pour qu'il puisse se créer des ressources et se relever de son indignité.

C. — Difficultés et solution.

Les difficultés tiennent aux patronnés eux-mêmes et aux personnes qu'il importe d'intéresser à leur sort.

Les premiers ne se prêtent pas aisément à l'effort qui leur est demandé pour leur retour à une vie d'ordre et de travail : les habitudes de paresse et d'insouciance qu'ils ont contractées ou qui tiennent à leur nature même sont très difficiles à modifier. Il s'y joint une complète ignorance de tout métier, et par suite l'impossibilité de se livrer à d'autres travaux que ceux qui n'exigent aucune pratique professionnelle. Il faut donc les amener à accepter une besogne quelconque qui leur procurera un très faible salaire, mais assurera leur subsistance, et on ne les trouve pas toujours disposés à accueillir cette offre sans la débattre.

Il y a aussi bien des chances d'insuccès dans les démarches à faire auprès des chefs d'industrie qui pourraient employer quelques-uns de nos patronnés. Ils éprouvent quelque répugnance à admettre chez eux, au milieu d'ouvriers laborieux et d'une probité sans tache, des hommes qui sont sans références et dont nous n'avons pas dissimulé la situation exacte. Ce n'est que sur nos instantes sollicitations et à titre d'essai qu'ils consentent parfois à les employer.

Ces diverses difficultés ne peuvent être surmontées que par la persévérance des efforts qui doivent être tentés pour faire comprendre aux libérés que le patronage est, pour eux, le plus salutaire des bienfaits et pour associer des patrons à cette œuvre charitable et sociale. Il faut surtout ne pas se laisser décourager par les mécomptes que réserve l'exercice de cette bienfaisance envers des hommes ayant, pour la plupart, toujours manqué de notions morales. Parmi eux beaucoup peuvent rester rebelles aux sollicitations par lesquelles on cherche à les ramener au bien; quelques-uns sont plus accessibles aux sentiments de probité et de dignité que l'on essaie de développer en eux et veulent bien s'efforcer de redevenir d'honnêtes gens. Ce résultat, lors même qu'il ne pourrait pas se traduire en chiffres élevés, suffit pour justifier l'utilité du patronage et pour démontrer la nécessité de le créer partout où il y a des prisonniers.

Le secrétaire,
J. CALVÉ.

BORDEAUX
Œuvre du relèvement moral et du patronage des libérées de Bordeaux.

Réponse de Mlle WITZ

A. — Définition et fonctionnement de l'Œuvre.

L'Œuvre du relèvement moral et du patronage des libérées de Bordeaux a été fondée en février 1890, après une conférence chaleureuse qu'y a faite une femme de cœur et dévouée à la cause des malheureuses perdues ou égarées : Mme d'Abbadie d'Arrast.

Immédiatement après s'y est constitué un Comité réunissant un groupe de neuf dames.

L'Œuvre a pris d'abord le nom d'*Association des Dames de Bordeaux*; ensuite, en novembre 1892, celui d'*Œuvre du relèvement moral et patronage des libérées*.

L'Œuvre s'occupe, comme son nom l'indique, du relèvement moral des femmes, des jeunes filles, des enfants, des libérées.

Nous sommes aujourd'hui quatorze membres : une présidente, une vice-présidente, une secrétaire, une trésorière, et huit membres actifs; toutes sont nommées pour une durée indéfinie.

Le Comité se réunit une fois par mois.

En janvier 1891, M. le maire de Bordeaux a autorisé les dames du Comité à pénétrer dans la prison municipale.

En janvier 1892, une autorisation de la Préfecture leur a été accordée pour pénétrer au Fort du Ha et y visiter les prisonnières qui pourraient être susceptibles de notre patronage.

En avril 1892, un Asile temporaire a été ouvert, 91, rue Lasseppe; deux ans après, il a été transféré, 39, rue Tivoli ; actuellement, il est, 29, rue Lasseppe.

Notre protection s'étend ainsi sur les jeunes filles exposées ou perdues, sur les condamnées, les libérées, sans distinction d'âge, de nationalité et de culte, et sur les enfants de tout âge.

Nous patronons beaucoup de personnes qui n'ont pas séjourné dans notre Asile, mais dont nous avons fait la connaissance dans les prisons ; nous avons ainsi pu, dans le dernier exercice de notre Œuvre, régulariser quatre mariages, légitimer sept enfants et faire déchoir des parents indignes.

Plusieurs de nos protégées nous ont été envoyées par M. le Procureur de la République; dans l'espace de quatre mois, il nous en a envoyé quatre au-dessous de dix-huit ans, et que nous avons pu rendre à leurs familles; les Compagnies de chemins de fer nous sont très favorables pour les rapatriements.

Nous faisons tous les quinze jours des visites de recrutement dans les deux prisons ; nous y rencontrons toujours bon accueil chez MM. les chefs. Les femmes ont quelquefois l'air moins accueillant: mais quand le but de notre visite, de nos enquêtes, est bien établi, la confiance se développe, et elles viennent à nous, sûres, comme elles le sont, que nous ne les cherchons pas pour les enfermer dans une autre prison. Beaucoup viennent à nous seulement au bout d'un certain temps de leur libération.

Nos visites sont toujours faites pas deux dames du Comité qui sont accompagnées au parloir par le gardien chef et la sœur supérieure. C'est là que viennent, l'une après l'autre, celles qui doivent sortir dans la quinzaine. L'adresse de notre Asile se trouve dans le parloir et dans les salles ; mais pour éviter toute nouvelle tentation, à la sortie, à celles qui sont disposées à venir à nous, nous les faisons prendre par la personne chargée de ce service.

Pour toutes, il s'agit, quoique de diverses manières, mais toujours compliquées, à les débrouiller moralement et physiquement.

Notre Asile contient dix lits ; le plus souvent ils sont au complet.

Ces derniers temps nous avons été amenées et forcées, en quelque sorte, par les circonstances à étendre notre protection sur des filles mères. Dans l'espace de huit mois, nous en avons recueilli dix. La moitié est encore dans notre Asile ; les autres ont pu reprendre des occupations, et toutes s'occupent de leurs enfants. C'est un point bien établi dans notre Œuvre, que nous ne nous occupons que de celles qui veulent ne pas oublier qu'elles sont mères et qui sont à leur première faute.

Notre Œuvre commençant à être connue, on nous adresse beaucoup de monde. Nous devons faire notre choix ; mais, quand la situation est intéressante et qu'elle mérite d'être prise en considération, nous acceptons le patronage de certaines femmes, afin de les relever ainsi pour leurs enfants. Nous les quittons et en acceptons d'autres, quand nous considérons que notre tâche est terminée.

Nous n'avons malheureusement pas encore de cellules à Bordeaux; nous espérons qu'elles ne se feront pas trop attendre, car le patronage, à notre avis, peut se faire d'une manière plus efficace, quand on peut se trouver seule à seule avec ces pauvres créatures ; la sympathie, la confiance naissent mieux et s'établissent d'une manière plus efficace et plus durable.

Outre les visites de la quinzaine au Fort du Hâ, la secrétaire a une permission spéciale du Ministère, et très souvent elle s'y rend pour s'intéresser à l'une ou l'autre qui lui a écrit ou qui lui a été recommandée; elle peut ainsi avancer les démarches qu'il y a à faire pour elles.

Nous recourons beaucoup au rapatriement, beaucoup de jeunes filles de qui nous nous occupons ayant quitté leurs familles par caprice ou par entrainement.

Nous avons pu en placer plusieurs dans des établissements; quelques-unes nous avaient demandé de se sentir pendant quelque temps à l'abri des tentations, et, notre Asile n'étant que temporaire, nous ne pouvons les garder qu'une certain temps. Ce temps n'est pas limité; cependant nous ne dépassons guère trois mois.

Nous avons dû nous mettre peu à peu en relations avec les diverses Sociétés de notre Œuvre, avec les différentes administrations; partout nous recevons le meilleur accueil et le concours le plus empressé. C'est un large réseau sur lequel s'étend une œuvre de ce genre, et nous avons besoin de nous sentir largement soutenues pour arriver à quelque résultat efficace.

Notre Œuvre étant une œuvre de relèvement moral, nous avons, comme principal but, de relever les âmes, les cœurs; de les relever à leurs propres yeux.

BUDGET. — C'est un point très important et qui est l'objet de nos soucis. Nos ressources sont très restreintes; il nous faudrait, pour pouvoir marcher simplement, et convenablement, de 5 à 6.000 francs, et nous avons à peine 4.000 francs par an. Cet argent nous vient, pour la plus grande partie, de quêtes faites par les dames du Comité, d'une allocation du Ministère, d'une allocation du Conseil général, du placement de carnets à un sou par semaine et de dons divers.

Nous demandons toujours la remise du pécule de nos femmes.

Nous ne pouvons nous occuper spécialement de vagabondage ou de mendicité; mais beaucoup de nos protégées ont été ou mendiantes ou vagabondes, ou l'un et l'autre.

Pour les enfants, nous n'avons pu prendre encore de mesures précises; nous nous occupons d'eux quand nous le pouvons, et les plaçons comme nous le pouvons, mais plutôt par initiative privée que sous la protection de notre Œuvre.

B. — Résultats.

Les résultats de notre Œuvre sont les suivants: depuis quatre ans qu'existe notre Asile temporaire, nous y avons reçu et protégé 151 femmes et jeunes filles; mais nous ne mentionnons pas dans ce chiffre toutes celles que nous patronnons au-dehors. Elles sont au nombre de 8, sans compter encore les quatre mariages signalés déjà, et qui comprennent 15 personnes. Sur ces 151 personnes, les deux tiers sont venues du Fort du Hâ; l'autre tiers, de la prison municipale, ou envoyées de divers côtés.

La moitié de ces femmes est placée dans de bonnes conditions; beaucoup restent en relation avec nous.

C. — Difficultés et solutions.

La grande difficulté de notre Œuvre est dans les ressources, et puis dans la facilité que recherchent à nouveau les jeunes filles qui ont goûté le mal et qui s'y adonnent de nouveau ; beaucoup ont été amenées dans cette triste voie par la mauvaise direction des parents, qui ont ainsi développé en elles le goût du luxe, de la paresse, du vagabondage, et peu à peu du vice.

Nous trouvons une grande difficulté dans le placement de nos patronnées. La répugnance qu'ont les familles de recevoir dans leurs maisons des personnes venant de lieux suspects se comprend aisément, et ce n'est qu'après beaucoup de peine que nous arrivons à les caser en lieu convenable.

Malgré toutes les peines, les déboires que nous avons, nous ne nous décourageons pas ; nous recommençons toujours avec un nouveau courage, avec une nouvelle recrue, espérant malgré tout, que quelque chose de bon reste parmi les plus rebelles, les plus récalcitrantes, et que, un jour peut-être, on se souviendra de notre sollicitude, de nos conseils, pour se retenir d'une pente glissante.

Pour que notre Œuvre devienne plus valide, plus efficace, il nous faudrait un plus grand concours d'amies dévouées, travaillant avec nous dans le même but de relèvement, dissipant ainsi, par leur concours même, certains préjugés qui règnent toujours autour de nous.

Pour connaître l'Œuvre, son utilité, son efficacité, il faut s'en occuper, s'y initier et la comprendre.

La comprendre, c'est la faire vivre.

La Secrétaire,
V. WITZ.

BORDEAUX

Refuge de Nazareth.

Réponse de Mme La SUPÉRIEURE

A.— Définition et fonctionnement.

BUT. — Le *Refuge de Nazareth* a été fondé, en 1850, par la Communauté des Sœurs de Marie-Joseph, en vue de la réhabilitation des filles ou femmes tombées.

Il reçoit plusieurs catégories de femmes ou jeunes filles.

Chacune de ces catégories est placée dans des locaux complètement séparés :

1° Filles ou femmes libérées des prisons du département ; elles viennent d'elles-mêmes ou nous sont adressées par nos sœurs ; dans cette catégorie sont admises les jeunes filles insubordonnées ou vagabondes qui nous sont amenées par les parents ou par des bienfaiteurs ; elles sont au nombre de 125 ;

2° Les enfants des détenues ; elles sortent à la libération des parents ou à vingt et un ans ; dans cette catégorie sont également admises des enfants de familles nomades ou des enfants de filles-mères ; elles sont au nombre de 55 ;

3° Les enfants pauvres, mais issus de familles honnêtes qui paient une petite rétribution en rapport avec leurs ressources ; elles sont au nombre de 40.

Pour les deux dernières catégories, nous ne recevons pas d'enfants au-dessous de six ans.

Enfin le Refuge reçoit quelques jeunes filles, qui lui sont confiées par l'Assistance publique.

Le siège de l'Œuvre est, 239, rue Saint-Genès.

FONCTIONNEMENT. — Le Questionnaire que vous voulez bien m'adresser est plutôt destiné à des colonies de jeunes délinquants qu'à un asile de jeunes filles.

Cependant, en quelques mots, je puis dire en quoi consistent les moyens employés par nous pour assurer le bon fonctionnement de notre établissement :

1° La prière et le travail alternant avec quelques bonnes lectures et le chant des cantiques ;

2° L'instruction religieuse, dont l'absence est trop souvent la cause des fautes commises ;

3° Aucune mesure de répression, aucune punition, mais la seule persuasion de la parole et de l'exemple ;

4° Enfin, — pourquoi taire un des excellents moyens de réagir sur ces mauvaises natures ? — c'est de leur fournir une nourriture saine et abondante. Nous n'achetons jamais des provisions de dernière qualité, telles que pain, légumes secs, viande, etc. Il en est de même pour le vêtement : il est chaud en hiver, et confortable en été, malgré la simplicité des étoffes. Il n'a aucune apparence pénitentiaire ;

5° Les difficultés de caractères ne nous étonnent jamais, notre Œuvre étant spécialement vouée aux prisons, où le personnel n'est pas facile, aux Refuges, où se trouvent des sujets plus difficiles encore, qui nous viennent par les parents qui sont à bout de patience.

B. — Résultats.

L'établissement, depuis quarante-six ans qu'il existe, a eu de beaux résultats.

Sur 1.450 jeunes filles abritées, 47 seulement sont tombées en récidive. C'est bien consolant.

Nous en plaçons beaucoup, mais surtout nous nous efforçons, après les avoir amendées, de les réconcilier avec leurs familles, quand les parents sonthonnêtes.

Il en est qui ne veulent pas quitter la Maison, et nous les gardons tant qu'elles veulent. Plusieurs de nos anciennes comptent plus de quarante années passées dans le Refuge.

La Supérieure,

Sœur MARIE-SAINT-PIERRE.

————

LYON

Œuvre Lyonnaise pour le patronage des libérés.

Réponse de M. le Professeur BERTHÉLÉMY

A. — Définition et fonctionnement de l'Œuvre.

La *Société Lyonnaise* étend son action à tous les sujets susceptibles d'en tirer profit : hommes, femmes, enfants.

Elle reçoit des patronnés des différentes sources ci-après énumérées :

1º Des établissements pénitentiaires de la région ;

2º Du Parquet ;

3º Des Sociétés voisines.

1º Des établissements pénitentiaires. — Nous recevons principalement les libérés conditionnels des maisons centrales de Riom et d'Albertville, des prisons départementales de Lyon et de Saint-Étienne.

2º Du Parquet. — C'est le patronage préventif, appliqué après la faute, mais avant la peine. Par un accord entre les magistrats du Parquet et la Société, il a été convenu que tout individu arrêté et amené au Petit Parquet serait adressé à l'Œuvre au lieu d'être déféré au Tribunal, si la cause de son arrestation le permettait et s'il y avait lieu d'espérer que le patronage le sauverait d'une rechute.

3º Des Sociétés voisines. — Les Sociétés de Marseille, de Bordeaux, de Valence, de Montpellier et de Chalon-sur-Saône, nous ont, à plusieurs reprises, envoyé des patronnés à placer. Les échanges entre Sociétés devraient être encouragés ; il est plus facile à un patronné de se placer hors du pays où la faute a été commise. En outre, le dépaysement est salutaire.

Nous mettons tous nos efforts à placer ceux qui nous sont ainsi recommandés. Malheureusement, si nous trouvons de grandes bonnes volontés chez les Sociétés amies, nous croyons y voir quelque découragement en matière de placement, et nous n'osons guère leur envoyer, à titre de réciprocité, les hommes dont nous sommes trop lourdement embarrassés.

VISITES. — Toutes les semaines, une visite à la prison est faite par un membre de la Commission de surveillance (laquelle ne comprend guère que des membres du Patronage). Les détenus libérables qui réclament un secours sont interrogés sur ce qu'ils vont faire à leur sortie de prison. Le Directeur et les gardiens donnent des renseignements sur leur conduite durant la peine. Le visiteur admoneste et conseille les visités, juge s'il y a lieu de donner un secours en nature (vêtement), ou une recommandation, ou un billet de rapatriement. Il décide également s'il est opportun d'adresser le libérable, à sa sortie, aux agents de la Société. En ce cas, il lui fait remettre une carte avec laquelle le libéré se présente et est désormais immatriculé au nombre des protégés de l'Œuvre, et est suivi jusqu'à ce qu'il ait pu être placé ou se placer lui-même.

Quelques visites individuelles sont faites, mais trop rarement : les hommes de bonne volonté, qui pour cet office se mettraient utilement à notre disposition, sont ordinairement trop pris par leurs occupations du dehors, pour offrir à cette tâche charitable une large part de leur temps.

PLACEMENTS. — C'est uniquement dans l'industrie et le commerce que nous réussissons à placer les libérés. Nous éprouvons de sérieuses difficultés à trouver des emplois relevés pour ceux qui sont aptes à les remplir (comptables, employés aux écritures) ; ce n'est qu'après plusieurs semaines, le plus souvent, que nous y parvenons. Si nous voyons chez le libéré bonne volonté de se tirer d'affaire, nous le secourons jusqu'au placement.

Pour effectuer des placements, le Directeur de l'Œuvre s'est assuré, par des visites individuelles aux employeurs, de leur bonne volonté éventuelle. Il a invoqué la présence, à la tête de l'Œuvre, d'hommes de marque, dont l'appui, l'influence ou la recommandation peut un jour être utile et dont on aime à s'assurer la bienveillance. Cet argument, plus que la pitié pour les libérés, nous assure des collaborateurs indispensables. La pitié pour les libérés est un sentiment dont il est même imprudent de se servir. — On obtient plus en montrant le patronage sous son véritable aspect: œuvre de protection sociale contre les rechutes fatales des faibles ou des mauvais.

Les patrons de toutes les professions qui promettent leur collaboration sont inscrits sur un registre. Les libérés à placer leur sont envoyés avec un mot ou recommandés par le téléphone.

Pour les métiers manuels, travaux de bâtiments, emplois de manœuvres, de terrassiers, de démolisseurs, nous trouvons très promptement des débouchés.

Pour les autres métiers, ainsi qu'il est dit plus haut, nous sommes obligés de chercher longtemps et de chercher nous-mêmes, nos agents devenant plutôt suspects par leur habitude de recommander trop facilement tout le monde.

ENGAGEMENT MILITAIRE. — Placement commode quand il est possible ; excellent moyen de se débarrasser des adolescents indociles et ordinairement inconstants.

RAPATRIEMENTS. — Nous les facilitons quand on les demande, mais avec la conviction que c'est rendre un médiocre service aux patronnés et à leur famille. L'expatriation, souvent acceptée, presque toujours impossible, vaudrait bien mieux. On se refait une virginité. Le *Bureau central des Sociétés de patronage* leur rendrait un service signalé en organisant, d'accord avec le Ministère des Colonies, des systèmes pratiques d'expatriation.

SECOURS. — Nous en donnons sous toutes les formes, de préférence en nature ; nous ne donnons de secours en argent que pour faire attendre le placement quand nous constatons qu'on le recherche avec le ferme désir de le trouver.

ASILE TEMPORAIRE. — Nous utilisons l'*Œuvre d'Hospitalité par le Travail*; nous n'avons pas d'asile spécial, sauf pour les enfants (*Œuvre du sauvetage de l'Enfance*).

CONSEILS, RÉFÉRENCES. — Pas de règles à cet égard ; cela dépend des libérés à qui notre patronage s'applique.

BUDGET. — Notre budget se constitue principalement, en recettes, de subventions et souscriptions pour parties sensiblement égales. Il s'élève à 8.000 francs en moyenne. En dépenses, il se partage entre les dons pour patronnés et les frais d'Administration. Les Sociétés de patronage ne sauraient encourir le reproche de consacrer une quotité trop élevée de frais à leur administration. Leur rôle n'est pas de donner des secours et de faire des rentes aux libérés, mais de les aider, par l'action d'agents zélés, à se placer et à se relever en gagnant leur vie.

PÉCULE. — A l'exception des libérés conditionnels, nous n'exigeons pas de nos patronnés la remise de leurs pécules ; ce serait une mesure utile, et nous la pratiquons lorsqu'ils s'y prêtent ; mais elle est généralement peu pratique, parce qu'en attendant l'efficacité de notre appui, ces gens ont besoin de toutes leurs ressources. Au reste, si nous constatons qu'ils en font mauvais usage, nous jugeons par là même que le patronage leur sera peu efficace ; nous cessons de les aider. — S'ils en font bon usage, il n'est pas utile de garder le pécule.

MENDICITÉ DES ENFANTS. — Notre Conseil d'administration a créé en 1890 l'*Œuvre du Sauvetage de l'Enfance*. Les deux œuvres se sont séparées, mais elles se prêtent, en ce qui concerne les enfants, un mutuel appui.

L'*Œuvre du Sauvetage de l'Enfance*, propagée dans toutes les régions, a obtenu de très sérieux résultats contre le vagabondage et la mendicité des enfants. L'Assistance publique du Rhône a agi collatéralement avec une vigoureuse énergie.

La magistrature, malgré les attaques de la presse socialiste, s'est montrée très ferme pour l'application de la loi de 1889. Le mal est loin d'être extirpé ; mais nous avons la conviction qu'un effort relativement modéré en viendrait à bout.

L'argent seul fait défaut, qui serait nécessaire pour achever la guerre.

B. — Résultats de l'Œuvre.

Nous extrayons de nos derniers rapports annuels, les statistiques ci-après :

RÉCAPITULATION DES 4 ANNÉES

Nous nous sommes occupés de 2.437 demandes de patronage, dont 2.369 concernant des hommes et 68 concernant des femmes.

NATURE DES SECOURS	1892	1893	1894	1895
Placements.	173	140	178	127
Engagements.	2	2	2	6
Rapatriements	12	62	51	50
Secours divers	1428	2323	3872	1612
DÉTAIL DES SECOURS EN NATURE				
Hospitalisation (nombre de nuits) . .	780	862	1930	564
Nourriture (nombre de bons)	743	995	1610	752
Vêtements (nombre de secourus). .	494	448	240	259
Avances en argent (nombre de secourus)	11	18	42	37

C. — Difficultés et Solutions.

DIFFICULTÉS. — La principale difficulté que nous avons eue à vaincre a consisté et consiste encore dans la répugnance que manifestent les ouvriers à voir les libérés auprès d'eux dans les chantiers.

Cette répugnance n'a pas sa source principale dans un sentiment respectable de dignité offensée, et les ouvriers ne craignent pas, en général, de vivre à côté de gens qu'ils méprisent.

Beaucoup d'entre eux voient seulement dans la tare du libéré un moyen simple de repousser des concurrents. Ils voudraient qu'on repoussât aussi, de partout, pour les mêmes raisons qu'ils voudraient qu'on expulsât les étrangers.

Nous avons constaté, à Lyon, des manifestations très claires de cet état d'esprit dans les vœux et protestations des syndicats ouvriers. Les syndicats ont réclamé avec une opiniâtreté inlassable qu'on refusât toute permission de voirie, par exemple, à qui aurait une mention quelconque à son casier judiciaire. Or, les permissions dont il s'agit sont nécessaires pour exercer le métier de cocher, de commissionnaire, de colporteur, de marchand de quatre saisons ; ce qu'on veut supprimer ici, ce n'est pas un contact désobligeant, c'est une concurrence.

Occuper un malheureux pour l'empêcher de mourir de faim, c'est faire tort à ceux qui vivaient de l'occupation qu'on lui donne.

Les Œuvres d'assistance par le travail se heurtent à cet égard aux mêmes critiques que les Patronages des libérés. En ce qui touche les libérés, les employeurs redoutent ces critiques, quelque pitié qu'ils aient. Ils ne sont pas déjà très portés à nous seconder, au détriment de leur sécurité. Que leurs ouvriers s'en mêlent, et nous sommes mis à l'index.

Nous sommes mis à l'index, de même, et d'une manière pénible, par des politiciens en quête de popularité facile et qui exploitent ces sentiments des ouvriers. Notre bienfaisance ne peut plus s'exercer qu'en se cachant, et c'est là le plus certain obstacle à sa propagation.

Solutions. — A ce mal il n'y a pas de remède ; on ne parviendra même pas à l'atténuer en répandant l'idée vraie que le patronage est, non la protection des libérés, — mettons, avec le préjugé populaire, qu'ils en soient rarement dignes, — mais la défense de la société contre les causes de la récidive.

Il faudrait également que l'appui de l'Administration — *non l'appui pécuniaire, mais l'appui moral* — fût, dans les départements, plus effectif qu'il ne l'est la plupart du temps.

Nous ne demandons pas qu'on donne plus d'argent. Le Patronage peut se faire avec de très modestes ressources, mais nous demandons à n'être pas regardés par l'Administration comme des philanthropes d'une sensiblerie presque ridicule.

Malgré les efforts sérieux des ministres et des directeurs qui se sont succédé et ont donné au patronage un rude essor, la conviction de son rôle et de son utilité est insuffisamment faite chez les chefs et les agents de l'Administration départementale.

Indications générales. — L'effort le plus efficace qui reste à faire consisterait à trier de plus en plus les libérés susceptibles d'être relevés par le travail de ceux sur lesquels les Sociétés de patronage s'épuisent vainement, parce que ce sont des exploiteurs de charité.

La création de colonies de travail, l'extension et le fonctionnement plus complet des dépôts de mendicité, l'organisation de l'expatriation, telles sont les mesures qui, mieux que le développement même de nos Sociétés, permettraient à celles-ci de travailler efficacement, en leur donnant le moyen de concentrer leur action sur quelques sujets désireux et capables d'en profiter.

Le vice-président :

H. Berthélemy.

COUZON (Rhône).

Asile Saint-Léonard, à Couzon.

Réponse de M. l'Abbé ROUSSET

A. — Définition et fonctionnement.

L'Asile Saint-Léonard, qui est tout à la fois un patronage et un refuge : un patronage, puisqu'il s'occupe du placement des libérés, et un refuge, puisqu'il leur demande six mois d'épreuves et consent même à les garder plus longtemps, s'ils le désirent, a été fondé, en 1864, à Couzon au Mont-d'Or, sur les bords de la Saône, à 10 kilomètres nord de Lyon, par un prêtre du diocèse de Lyon, M. le chanoine Villion, et a été reconnu d'utilité publique par décret du 6 mai 1868.

But. — Il ne s'occupe que des hommes condamnés, et seulement de ceux ayant vingt et un ans et n'ayant pas dépassé quarante-cinq ans. Il ne reçoit pas au-dessous de vingt et un ans, pour des motifs puissants de moralité, ni au-dessus de quarante-cinq ans, parce qu'à partir de cet âge il est très difficile, pour ne pas dire impossible, de faire l'apprentissage de la chaussure clouée ou du cousu-machine, seule industrie de la maison à l'heure actuelle ; c'est encore pour ce motif que nous exigeons une bonne vue et l'usage de la main droite. Notre choix se fait sans se faire, vu la distance qui nous sépare de celui qui demande notre patronage ; c'est le certificat du Directeur, du gardien-chef ou de l'aumônier de la prison, qui nous décide à admettre le postulant, si toutefois il peut et veut remplir nos conditions d'admission. Ce n'est donc que par exception, et très rarement, lorsqu'il s'agit de condamnés faisant leur peine à Lyon, Trévoux, Villefranche, qu'il nous est arrivé de les voir quelquefois avant leur libération. Comme nous devons les soumettre, chez nous, à une épreuve minimum de six mois, cette visite antérieure n'a presque pas de raison d'être (1).

---

(1) *Conditions d'admission :* 1° Ne pas être âgé de moins de vingt et un ans, ni de plus de quarante-cinq ;

Placements. — Quant au mode de placement, si nous n'avions pas à notre disposition un certain nombre d'hôpitaux, qui heureusement n'exigent pas le casier judiciaire (1), nous ne pourrions que difficilement trouver à nos réfugiés un emploi. Mmes les Supérieures veulent bien s'en rapporter à nos attestations.

2° Jouir d'une bonne santé, de manière à pouvoir fournir une journée moyenne de travail;

3° Ne pas être atteint de scrofules ni de toute autre maladie contagieuse ou repoussante, et envoyer un certificat du médecin le constatant;

4° *Avoir bonne vue et ne pas être gaucher ou infirme;*

5° S'engager à résider six mois, au moins, dans la maison et se rappeler que la Direction se réserve le droit de renvoyer un réfugié au bout de quinze jours, si elle le reconnaît incapable de se faire aux travaux de l'Asile ou de se plier au règlement de la maison;

6° Ne pas avoir passé dans un dépôt de mendicité, ni à l'Asile du Sauget (Isère), bien que cet Asile dépende de la même Administration, ou, dans ce dernier cas, fournir la preuve écrite que la sortie s'est effectuée dans de bonnes conditions;

7° Envoyer ou apporter un certificat de bonne conduite délivré par le Directeur ou l'Aumônier ou le gardien-chef de la prison que l'on quitte;

8° Être muni, en arrivant, de sa lettre d'admission et de son bulletin de sortie, s'il mentionne l'état du pécule au moment de la libération, ou bien d'une pièce en règle contenant ce renseignement;

9° Faire sa demande au moins quinze jours avant sa libération, et l'adresser, *par lettre affranchie,* à M. le Directeur de l'Asile, en y joignant *un timbre* pour la réponse.

Nota. — Ceux qui voudront obtenir du Directeur de l'Asile une admission par écrit, qui facilite leur libération conditionnelle, et généralement tous ceux qui sortent d'une maison centrale, devront s'engager, par écrit, à envoyer, comme caution de leur engagement, *par la poste et par les soins du greffier comptable,* au plus tard le jour de leur libération, la somme de *cinquante francs* et à l'abandonner s'ils ne remplissent pas ledit engagement.

Observations. — La principale industrie de la maison est celle de la cordonnerie clouée; aussi la plupart des entrants doivent s'attendre à y être appliqués; un certain nombre sont employés à la culture et au jardinage.

Le pensionnaire de Saint-Léonard touche 10 pour 100 du produit de son travail, plus 0 fr. 40 chaque lundi. Ces 0 fr. 40 sont prélevés sur la masse pendant toute la durée de l'engagement qui est de six mois pour le premier séjour, de neuf mois pour le deuxième, et d'un an pour les suivants. A l'expiration de l'engagement, le montant des retenues est inscrit au pécule à titre de gratification. Puis, des gratifications particulières en argent ou en vêtements sont allouées selon les circonstances et le mérite du travail ou de la conduite.

Le réfugié est entretenu de tout; il jouit d'une sortie libre les dimanches et les fêtes, de 2 à 6 heures en hiver, et de 2 à 7 pendant la belle saison.

Il peut espérer être placé, si ses efforts et ses antécédents le permettent; mais cette épreuve ne doit pas être moindre, en principe, que le double de la durée de l'engagement, quoique, dans la pratique, on attende rarement ce terme. En outre, il faut que le réfugié ait au pécule la somme nécessaire pour payer son voyage jusqu'au lieu de placement.

Le but de l'Œuvre de Saint-Léonard tendant à la réhabilitation des libérés exige que l'on y apporte *un bon esprit et une grande docilité* à la discipline de la maison.

Le libéré admis devra se diriger sur Saint-Léonard dès sa libération et y arriver dans la même journée, s'il sort d'une prison située dans un rayon de 20 kilomètres de l'Asile (Lyon, Trévoux, Villefranche).

(1) Nous admettrions encore qu'on l'exigeât, mais seulement pour *connaître* l'infirmier, savoir son côté faible, *et non pour le refuser.*

La défiance toute naturelle d'un patron, se disant : « Qui a bu boira ; qui a volé volera », les rechutes si nombreuses de ces malheureux justifient en partie cette sévérité, et, tant que nous n'aurons pas des chefs de maisons assez courageux pour oser essayer ces hommes, assez paternels pour les maintenir dans la bonne voie, assez charitables pour leur donner une occupation qui ne favorise pas la passion dominante du patronné, le placement sera très difficile. Il s'agit d'un apostolat que peu se sentent disposés à faire.

Parmi les placements, il y en aurait deux que l'État pourrait faciliter. Ce seraient : 1° pour ceux qui n'ont pas dépassé l'âge requis, les rengagements ; 2° l'expatriation dans les colonies, si pauvres en Français et si riches en étrangers. On a besoin d'une armée coloniale, on a besoin d'ouvriers pour creuser des ports, construire des routes, des chemins de fer, des édifices, etc ; qu'on les prenne parmi les hommes tombés et qui désirent se relever.

Nous faisons rarement des rapatriements dans le pays d'origine, parce que les parents des réfugiés, le plus souvent, ne veulent pas entendre parler d'eux ; mais quand ils sont possibles, nous les facilitons de toutes nos forces.

Nous ne remettons jamais des secours en argent, sauf quand il s'agit de payer le transport en chemin de fer d'un patronné que nous plaçons, et encore avons-nous soin de prendre le billet et de ne quitter ledit patronné qu'après son embarquement. Faire autrement, c'est s'exposer à beaucoup de déboires et à des dépenses considérables.

Nous correspondons souvent avec nos anciens patronnés, même avec ceux qui, ayant été placés, sont retombés dans le malheur ; nos lettres leur font beaucoup de bien.

Budget. — Notre budget est alimenté pour les trois quarts par le travail de nos réfugiés, et, pour le dernier quart, par l'État, qui nous accorde 3.000 francs chaque année, le Conseil général du Rhône, 500 francs, et enfin par nos souscripteurs ou donateurs. Avec un minimum de séjour de six mois, avec un apprentissage rendu plus difficile, à vingt-cinq, trente, trente-cinq, quarante et quarante-cinq ans, avec des santés affaiblies, avec une énergie morale atrophiée, il est difficile d'obtenir davantage de nos réfugiés ; aussi, notre Asile aura-t-il toujours besoin de secours particuliers pour équilibrer son budget.

Pécule. — Jadis nous n'exigions pas de nos patronnés la remise de tout le pécule ou d'une partie ; mais, depuis plusieurs années, nous faisons prendre l'engagement de verser 50 francs dans la caisse de l'Asile, comme caution de l'engagement des six mois qu'ils contractent : 1° à tous les libérés conditionnels qui sollicitent notre patronage ; 2° à tous ceux qui sortent d'une maison centrale, parce que *les premiers*, après avoir obtenu, grâce à notre certificat d'admission, la libération conditionnelle, s'empressaient de ne pas venir; ils se servaient de nous comme d'un moyen pour obtenir la liberté et recommençaient aussitôt leur vie vagabonde. Il en est même qui ont une telle envie de liberté qu'ils préféreraient perdre ces 50 francs de caution et ne pas venir à l'Asile, si les règlements qui régissent les libérés conditionnels ne les exposaient, dans ce cas, à être réintégrés en prison; *les seconds*, sortant ordinairement avec un fort pécule, s'empressaient de le dépenser en débauches et ne venaient pas, soit parce qu'ils avaient trouvé de mauvais conseillers, soit parce que la débauche leur avait enlevé toute énergie pour le bien, soit parce que, n'étant pas venus de suite, ils craignaient de ne pas être admis.

En outre, ces 50 francs sont une précieuse réserve, soit pour leurs petits plaisirs à l'Asile, soit pour payer leur voyage, lorsqu'ils sont placés un peu loin.

L'idéal serait de retenir tout le pécule, comme le font certaines Sociétés de patronage; mais, s'ils acceptent ce sacrifice avec un patronage à placement immédiat, ils ne l'accepteraient que difficilement avec un patronage de six mois. Et puis, la façon dont ils se comportent, avec une certaine somme d'argent en mains, entre la sortie de la maison centrale et l'arrivée à l'Asile, est déjà un indice de ce qu'on peut espérer d'eux plus tard.

Cette mesure est donc utile et recommandable, mais ne peut être érigée en principe absolu.

3° N'est pas appliqué dans l'Asile Saint-Léonard.

PARTICULARITÉS. — Malgré la vie sérieuse du patronage, les réfugiés, soit par suite du besoin qu'ils éprouvent de se faire à une vie d'ordre et de travail, soit par suite de la faiblesse de leur volonté, qui suit presque aussi bien la bonne voie qu'elle a suivi la mauvaise, s'habituent assez rapidement au règlement austère de l'Asile; et, plus tard, ceux qui n'ont pas réussi écrivent volontiers pour se faire réadmettre; ils sont dans leur élément. On dirait que ces hommes, avec leur peu d'énergie, n'étaient pas faits pour la vie ordinaire de la société, et plusieurs d'entre eux seraient devenus, s'ils en avaient eu la vocation, d'excellents religieux. Et cette nécessité d'une vie de règle, ainsi que la facilité avec laquelle ils s'y soumettent, prouvent l'urgence, pour un certain nombre de libérés, d'asiles permanents.

Et nous avons l'immense satisfaction de voir notre maison marcher parfaitement bien. Il y a, de leur part, une soumission parfaite; nous n'avons jamais eu, depuis trente-deux ans, d'insubordinations; nos seules misères ont été dues et le sont encore à l'ivresse, quoiqu'un progrès considérable ait été réalisé sur ce point.

A quoi encore attribuer ce résultat? A une vigilance continuelle, à la vie matérielle et morale que l'on partage avec eux, mais encore et surtout à l'action religieuse. Si nous ne leur parlions pas de Dieu, de l'éternité, de la nécessité du salut et de la vie chrétienne, même pour être heureux ici-bas, nous n'obtiendrions pas grand'chose.

Que l'on ne craigne pas l'hypocrisie chez nos hommes. Nous prêchons la liberté sur tous les tons au point de vue des sacrements, et nous n'avons jamais renvoyé ou refusé de placer un homme qui n'avait pas fait ses Pâques, et le cas s'est présenté pour un ou deux presque chaque année. Et, si nous le regrettons, pour eux en particulier, nous en sommes heureux pour affirmer le principe de liberté [1].

En outre, nous avons eu des protestants, et nous n'avons jamais exercé la moindre pression sur eux. Un, que nous avons gardé plus d'un an, a été placé ces jours-ci par nous, sans que son culte ait jamais été mis en question.

B. — Résultats.

Deux mille quatre cent cinquante-huit hommes ont passé à l'Asile depuis sa fondation. Jusqu'à ce jour, 21 février 1896, et chaque année, nous avons réussi, en moyenne, à en placer de vingt à trente.

Voici la statistique de 1895 :

Nous avons reçu 50 réfugiés, venant de vingt-deux départements différents ; nous avons eu 18.194 journées de présence et avons pu placer 24 d'entre nos patronnés. Vingt-deux se sont retirés volontairement, après leurs six mois de séjour, regagnant leur pays ou cherchant à se créer par eux-mêmes une position quelconque. Sept ont été renvoyés par mesure disciplinaire, surtout pour ivresse réitérée. Un seul a été frappé par la mort.

Malgré les difficultés résultant, pour nos patronnés, au point de vue de la réhabilitation : 1º du peu de temps qu'ils séjournent à l'Asile, 2º des conditions multiples exigées pour présenter une demande en réhabilitation, 3º de la juste sévérité des magistrats, nous avons pu faire bénéficier de cette faveur huit d'entre eux; nous avons trois demandes en cours et nous allons en préparer deux autres.

Enfin, quoique la suppression du casier judiciaire pour les emplois, puisse avoir des avantages, comme, d'autre part, elle aurait de nombreux inconvénients, l'État, les Administrations et beaucoup de particuliers ne songeront pas à le supprimer; d'ailleurs, si l'État, pour faciliter le relèvement des hommes tombés, refusait de donner communication du casier judiciaire aux Administrations et aux particuliers, ceux-ci exigeraient de leurs postulants un tel ensemble de pièces que ce serait un travail, pour beaucoup, très long et très coûteux; enfin, si ces hommes avaient eu maille à partir avec la justice, l'absence de certificats de travail pour le

(1) Nous appelons à l'Asile un prêtre étranger pour recevoir les confessions de nos réfugiés.

temps passé en prison ferait de suite supposer qu'ils ont une ou plusieurs condamnations et les ferait impitoyablement renvoyer.

Nous ne blâmerions pas les patrons de s'entourer de tant de précautions ; ils sont payés pour être sur le qui-vive, et nous serions à leur place que nous voudrions savoir, nous qui vivons au milieu des hommes tombés, aussi exactement que possible le passé de celui que nous aurions l'intention de prendre à notre service; en fait, d'ailleurs, nous le faisons, et le casier judiciaire nous est très utile au point de vue du placement.

Il y a un moyen terme, c'est d'habituer les Administrations et les chefs d'ateliers, d'usines, de maisons de commerce, etc., au patronage, en leur inspirant la charité de faire l'essai du libéré repentant, suivant la nature et la cause des condamnations, dans tel ou tel emploi. Connaissant son faible, ils le prémuniraient par leurs conseils contre les dangers qu'il pourrait courir, et ils auraient la consolation d'avoir fait un acte méritoire aux yeux de Dieu et de la société, et de sauver, sinon toujours, au moins de temps en temps, un de ceux qu'un moment d'oubli et de faiblesse avait fait tomber dans l'abîme.

C. — Difficultés et solutions.

Au début de l'OEuvre, il nous a fallu acquérir l'expérience dans une sorte de patronage qui était le premier ouvert, en France, aux libérés adultes ; il nous a fallu nous faire pardonner, par une population un peu effrayée par un tel contact. l'établissement du refuge et, par les criminalistes, la permanence de ce dit Asile; enfin, faire accepter, par une société si prévenue, la possibilité du relèvement de ces hommes.

Au point de vue purement matériel, il a fallu lutter contre la misère, contre la difficulté d'établir des industries un peu rémunératrices, industries d'un apprentissage facile et rapide, pour que les réfugiés puissent, sur six mois de séjour, gagner quelque argent pendant cinq mois. Après une vingtaine d'essais, nous avons fini par constater que la cordonnerie clouée et le cousu-machine sont les plus avantageux. Nous faisons de la culture dans le but d'occuper ceux qui ne pouvaient se faire à la vie sédentaire d'un atelier, ceux qui n'ont pas l'aptitude voulue pour la cordonnerie, et aussi en vue d'obéir à ceux qui réclament à grands cris le travail des champs en faveur des hommes tombés, comme étant plus moralisateur, ce qui est vrai à certains points de vue.

Si l'on voulait assurer le fonctionnement de nos patronages, il serait nécessaire d'obtenir des pouvoirs publics une subvention raisonnable basée sur le nombre d'hommes et de journées de présence. On ne doit pas se le dissimuler : l'expérience de trente-deux ans a convaincu le Directeur de l'Asile Saint-Léonard que la plupart de ces infortunés retomberaient s'ils n'avaient pas un pareil patronage à leur service.

Nous désirerions aussi que l'on facilitât, soit par l'obtention d'un demi-tarif en chemin de fer, lorsque le pécule du condamné ou les finances de la Société de patronage le permettent, soit surtout par la délivrance d'un passeport *avec secours de route* (ce qui ne s'accorde presque plus), le voyage des libérés admis, se rendant au patronage qui veut bien les admettre, et qui se trouve quelquefois bien éloigné de la prison d'où sortent les patronnés. Le passeport avec secours de route est préférable parce que les difficultés de ce genre de locomotion, si elles sont surmontées, sont déjà un indice, non plus seulement de la bonne, mais encore de la forte volonté du patronné de revenir au bien. Le voyage en chemin de fer n'est pas une épreuve; souvent même c'est un écueil, quand il n'est pas une épreuve; souvent même c'est un écueil, quand il n'est pas pour le postulant, uniquement l'occasion de se promener et de ne pas se rendre au patronage. *Experientia constat.*

Une dernière réflexion.

Il faut diviser les malfaiteurs en deux grandes classes : ceux qui ont péché par malice, et, avec ces hommes-là, *humainement* parlant, il n'y a rien à faire; ceux qui ont péché par faiblesse. Ceux-ci, à leur tour, nous les subdiviserions en deux catégories : ceux qui, sans être atrophiés, se sont trouvés dans de telles circonstances qu'ils sont tombés, comme nous l'aurions probablement fait, si nous eussions été à leur place; c'est une faute passagère, accidentelle; à ces hommes, le patronage permanent n'est pas nécessaire, quoiqu'il soit très utile; on peut donc les placer directement, mais qu'ils sont peu nombreux! — puis les hommes sans volonté, et ils forment les 90 pour 100 de cette seconde catégorie; à ceux-ci, une épreuve et, pour beaucoup (ce que la majorité des criminalistes, n'ayant pas, comme nous, l'expérience des hommes tombés, ne veulent pas admettre), des asiles permanents; ce sont des incurables moraux, qui ont besoin d'hôpitaux permanents. Il serait très utile d'établir une maison de patronage dans le ressort de chaque Cour d'appel.

Nos vœux appellent également une école normale pour les gardiens de nos maisons pénitentiaires dont la mission serait de préparer le détenu par leurs conseils à se relever; d'autres pays nous ont devancés sur ce point.

Enfin, une action beaucoup plus large, laissée aux ministres du culte et aux membres des Sociétés de patronage, pour obtenir par le sentiment religieux ce que le sentiment de l'honneur et du devoir n'obtiennent pas ou n'obtiennent que bien rarement.

La crainte du Seigneur est le commencement de la sagesse, nous disent les Livres Saints : mais celle du gendarme, de la prison et de la rélégation, ne l'est pas ou ne l'est que fort rarement, et l'expérience nous a confirmé la vérité de cette parole que nous admettions déjà, puisqu'elle venait de Celui qui ne peut se tromper ni nous tromper.

L'Aumônier de l'Asile,

Abbé ROUSSET.

MARSEILLE

Société Marseillaise de patronage des libérés et adolescents.

Réponse de M. Léonce CONTE

A. — Définition et fonctionnement.

But. — Notre Société n'a pas cru pouvoir obtenir la conversion des malfaiteurs. Elle se borne à modifier les conditions dans lesquelles la chute se produit, et notamment l'abandon et la misère qui, surtout au sortir de la prison, sont tout au moins les causes occasionnelles des délits.

Fonctionnement. — Pour atteindre ce but, elle a ouvert les bras indistinctement à tous, sans condition d'âge ni de sexe; avec cette seule différence que, pour les mineurs, son secours est préventif et n'attend pas la condamnation.

Préoccupés dès le début d'éviter aux enfants la condamnation qui pèsera sur leur avenir, nous avons trouvé dans le Parquet un concours éclairé, et, toutes les fois que cela est possible, les enfants d'abord, puis les jeunes gens arrêtés nous sont remis sans poursuite. Parfois les commissaires de police nous amènent directement ceux qui sont dans les mêmes conditions; les parents réclament notre concours, et même spontanément des adolescents abandonnés ou des jeunes gens décidés à se sauver par le service militaire ont frappé à notre porte et réclamé un secours qui ne leur a pas été refusé.

En un mot, les mineurs, depuis l'adolescence jusqu'à et y compris la jeunesse de douze à vingt et un ans, sont accueillis, même sans condamnation, s'ils sont dans une situation qui les expose à poursuite, par exemple, défaut de travail et de domicile, ou délit commis et non poursuivi.

Les majeurs ne sont acceptés qu'après la condamnation, sauf une exception unique, en faveur de ceux qui, sortis du service militaire et n'ayant pas trouvé de travail, se trouvent en état de fait de vagabondage et préfèrent rentrer au régiment avant d'avoir une condamnation.

Pour les enfants et les jeunes gens, nous laissons les meilleurs à leurs parents et abandonnons les plus mauvais à la maison de correction. Nous choisissons, et très largement, tous ceux qui nous paraissent pouvoir, entre nos mains ou dans des écoles, se bien conduire; ceux qui sont coupables d'un premier ou léger délit et ceux qui ont failli, surtout par la faute de leurs parents, mauvais ou impuissants.

Pour les majeurs, nous recevons sans distinction tous ceux qui veulent venir. La sélection se fait d'elle-même. Il nous suffit de ne donner que du travail (sur 4.000 condamnés qui traversent les prisons de Marseille, il ne s'en présente guère chez nous plus de 300).

Par contre, nous recevons beaucoup de libérés sortant des autres prisons de France. Il nous semble peu sage de mettre à notre secours cette condition qu'ils se fassent arrêter pour un nouveau délit.

Il serait à désirer qu'il en fût de même partout et que les Sociétés de patronage pussent s'entendre à ce sujet.

VISITES. — L'emprisonnement cellulaire est la condition essentielle et indispensable pour la visite efficace des détenus. Avec la prison commune, l'effet moral est presque nul : le détenu mal entouré est pris par le respect humain (nous avons vu des détenus refuser à la prison notre secours et, le lendemain de leur délibération, se présenter au patronage).

L'emprisonnement cellulaire n'existe ici que pour les mineurs de seize ans ; ils sont visités par des membres du *Comité de défense des enfants*, qui font partie aussi de notre Comité.

Pour les libérés, chaque semaine le Directeur de la prison nous envoie les fiches de ceux qui doivent sortir la semaine suivante.

Des inspecteurs pris dans le Comité se rendent à tour de rôle à la prison, voient les détenus et leur offrent des secours.

Ces inspecteurs sont pris surtout parmi les avocats ; il y a cependant un ancien juge au Tribunal de commerce, un ancien adjoint et quelques magistrats. Des dames sont chargées de ce service pour la prison des femmes.

ASSISTANCE ET SECOURS TEMPORAIRES. — Nous avons dû de bonne heure ouvrir un asile pour recueillir les adolescents et les jeunes gens qui, dans la promiscuité des asiles de nuit, étaient trop exposés de toute façon et qui ne tardaient pas à disparaître.

ASILE. — Cet asile est devenu insuffisant et nous l'avons transporté dans un immense local, où sera un quartier pour les hommes libérés.

L'asile ne peut constituer qu'un secours essentiellement temporaire. Cependant, pour les jeunes gens de seize à dix-sept ans, l'expérience du placement en ville n'ayant pas réussi, nous nous efforçons de les garder jusqu'au service militaire.

PLACEMENTS. — C'est le but idéal du patronage. Nous avons essayé, avec des succès divers, les différents modes de placement.

Service militaire. — Le meilleur placement est le service militaire. Pour ceux qui n'ont pas de profession et par là ont de grandes difficultés à trouver un travail régulier, c'est le meilleur, et souvent le seul moyen d'échapper au vagabondage. En outre, la discipline est salutaire, elle exerce une influence morale sur le caractère des jeunes gens particulièrement : aussi y poussons-nous de toutes nos forces.

Le recrutement nous envoie ceux qui s'adressent à lui et nous apporte d'ailleurs un concours dévoué. Nous avons fait contracter plus de 200 engagements et, pour presque tous, les notes qu'ils ont au régiment sont excellentes.

Rapatriements. — A notre égard, le rapatriement est un secours définitif; c'est une mesure très utile, d'abord pour les enfants, et même les jeunes gens qui ont une famille où ils peuvent trouver l'appui nécessaire. Elle est très utile pour ceux qui viennent dans les grandes villes chercher du travail et, n'en trouvant pas, tombent dans le vagabondage. Généralement sans métier, souvent cultivateurs, on ne peut guère leur trouver un travail régulier, qu'ils ont plus de chance de trouver dans leur pays avec le secours de leurs parents. Ajoutez que certaines professions sont cantonnées dans certaines régions.

Embarquements. — Beaucoup de jeunes gens viennent chercher des embarquements. Il est utile de signaler que les règlements maritimes ne permettent d'inscrire que les mineurs de seize ans; les postes de garçons ou de sautiers sont pénibles, et on ne peut y admettre que des gens éprouvés. D'ailleurs, la situation critique de la marine marchande a jeté sur le pavé une foule de marins et rend, même pour les gens du métier, le placement très difficile.

Colonies. — Il n'y a actuellement pas de places aux colonies pour les gens qui n'ont pas d'aptitudes professionnelles; et, même pour ceux-là, ils trouvent la concurrence des gens du pays, qui travaillent à prix modérés. Pour les employés de bureau, c'est absolument impossible; les demandes affluent chez les négociants, et, comme on confie à ces employés des sommes importantes, on choisit des gens sans reproches; nous n'avons pas réussi encore à trouver un placement quelconque aux colonies, quoique nous nous en occupions.

Patrons. — Nous n'avons que très rarement trouvé des patrons qui consentissent à prendre des libérés. Le nombre de ces placements est extrêmement restreint et n'a réussi que pour quatre ou cinq. Il nous a été plus facile de placer des jeunes gens, pour qui on est plus porté à l'indulgence; mais ces placements n'ont pas réussi et nous avons dû y renoncer.

Récoltes. — C'est le travail habituel de ceux qui n'ont pas de travail régulier, et ils y vont d'habitude. Les asiles se vident alors, pour se remplir à l'entrée de l'hiver.

Terrassements. — Les grands travaux de terrassements sont le seul placement véritablement à notre portée. Nous en avons usé avec succès; mais ces travaux ne sont pas toujours possibles.

RELATIONS AVEC D'AUTRES ŒUVRES. — Nous avons été, par l'exercice de notre Œuvre, en contact avec beaucoup d'Œuvres de charité. A Marseille, l'*Assistance par le travail* reçoit nos hommes dans ses chantiers, et l'Asile de nuit leur assure un lit. Les conférences de Saint-Vincent-de-Paul nous ont aussi rendu de nombreux services. Enfin l'Assistance publique nous a prêté son précieux appui. Au dehors, les Œuvres de la région et les magistrats du ressort ont surtout fait appel à nous, mais nous ont aussi donné leur concours, lorsque cela a été possible. Notamment nous avons constitué des correspondants auprès des écoles où nous avons placé nos enfants.

Les OEuvres de patronage de Lyon, de Bordeaux et de Nîmes, ont accueilli les patronnés que nous leur avons recommandés, comme nous avons accueilli les leurs. Il serait à désirer que ces relations et ces échanges mutuels de service pussent se généraliser.

Budget. — Nos dépenses se sont élevées, en 1895, à 20.000 fr. Cette année-ci, nous dépasserons ce chiffre.

Nos compatriotes nous ont apporté un concours généreux que la ville, le département et l'État ont encouragé.

La plus grosse de nos dépenses est l'Asile. Les secours en travail, c'est-à-dire le remboursement des salaires à l'*Assistance par le travail*, les rapatriements et les secours en vêtements représentent le solde.

B. — Résultats.

Plus de 600 malheureux ont été secourus par nous, pendant l'exercice 1895. Si un grand nombre ont disparu après quelques jours, il en est qui sont demeurés presque constamment à notre charge, ou qui, travaillant au dehors quand ils en trouvent l'occasion, reviennent toutes les fois que le travail leur manque. Une centaine, dans l'année, ont contracté l'engagement militaire, et nous donnent complète satisfaction, au moins en grande majorité. Nous avons mis une trentaine d'enfants dans des écoles diverses, orphelinats, refuges, etc.

Enfin notons que 70 ont été rapatriés.

C. — Difficultés et solutions.

La première difficulté est de faire adopter l'idée du patronage des libérés. On nous reproche de négliger les malheureux honnêtes au profit de gens qui, à tout prendre, sont les auteurs de leur misère, et on ne comprend pas de suite que des hommes valides aient besoin d'aide et de protection. Cette prévention n'arrête pas les hommes de cœur. L'intérêt s'attache d'abord à l'enfance que l'on excuse trop facilement, et cette disposition favorable s'étend à la jeunesse, même à l'époque la plus difficile et la plus dangereuse.

C'est par là, c'est en développant notre assistance des enfants et des jeunes gens, que nous avons conquis notre place au soleil. L'idée du service militaire surtout exerce une grande séduction. Tout le monde sent aujourd'hui que c'est la grande école de l'honneur et de la discipline ; et cette séduction, qui nous attire des souscripteurs, s'exerce sur beaucoup de malheureux, et nous amène ainsi des patronnés.

Nos rapports avec les Administrations ont été facilités par la bienveillance et le concours que nous avons rencontrés, les plus grands possibles, depuis le Ministre de l'Intérieur jusqu'aux mairies. Bien des difficultés ont été ainsi aplanies ou évitées. Pourtant il y a encore des vœux à émettre.

Pour l'engagement militaire, ne pourrait-on pas être mis dans les mêmes conditions que pour le service militaire? Une condamnation infamante, quelle qu'elle soit, empêche l'engagement dans le même régiment où le jeune homme pourra servir plus tard. Pour l'aptitude physique, on est plus difficile à l'engagement qu'au conseil de révision. Le consentement du père ne pourrait-il pas être suppléé plus facilement et la réunion du conseil de famille évitée? — etc...

La publicité du casier constitue aussi une peine illégale et excessive, qui rend presque impossible le placement des libérés, surtout par l'habitude d'esprit public qu'elle crée.

Nous avions cru n'avoir besoin d'un Asile que pour les jeunes gens; mais bientôt nous avons vu que les hommes sans domicile régulier, avec un travail qui ne les retient que quelques heures, ont trop d'occasions de rechute; ils restent dans une situation qui est presque le vagabondage.

Ce sont, d'ailleurs, pour la plupart, des êtres incomplets, sans énergie, sans volonté et moralement presque des enfants, à bien des points de vue.

L'expérience nous a donc conduits à les hospitaliser. Les tenant sous notre main, nous aurons les moyens d'exercer sur eux une action réelle et durable; nous pourrons aussi les faire connaître et détruire les préventions excessives dont ils sont l'objet.

Il faut pourtant reconnaître que leur caractère est le principal obstacle à leur placement. Pour les jeunes gens que nous avions placés chez des patrons, pas un ne nous a pleinement satisfaits, et nous avons dû faire rentrer à l'Asile ceux qui étaient les meilleurs.

Les hommes, souvent, n'ont pas plus de raison ou de persévérance, et c'est une question délicate de les proposer à un patron qu'il ne faut pas tromper.

Enfin nous devons signaler les difficultés qui naissent des relations des diverses Œuvres entre elles.

Les rapatriements soulèvent des questions d'opportunité, de frais et de recommandations. Nous avons surtout besoin les uns des autres et pouvons nous rendre de mutuels services; nous devrions pouvoir compter davantage les uns sur les autres. Les relations que nous avons avec Lyon et Bordeaux sont un modèle que nous pouvons proposer.

Le vœu le plus nécessaire et le plus important à émettre est que les autorités publiques répriment le vagabondage et la mendicité des enfants, et surtout appliquent la loi de 1874. Les enfants exploités par leurs parents et même loués à des étrangers encombrent les rues et dans la mendicité apprennent bien d'autres vices !

Le Président,
LÉONCE CONTE.

MARSEILLE

Comité de Défense des enfants traduits en justice.

Réponse de M. VIDAL-NAQUET

A. — Définition et fonctionnement de l'Œuvre.

Le *Comité de Défense des enfants traduits en justice*, créé à Marseille le 13 janvier 1893, a pour but : l'étude, la discussion et la recommandation des améliorations à introduire dans le régime légal appliqué à l'enfance coupable et l'organisation de la défense de ces enfants devant la justice.

Le Comité s'occupe de tous les enfants mineurs de seize ans traduits devant le tribunal de Marseille. Les visites sont faites à la prison, par le Président (deux fois par semaine) et par le Secrétaire général (une fois). Les parents sont convoqués chez le Président. Suivant les cas, le Comité réclame l'enfant, soit pour le rendre aux parents, soit pour le confier à la Société de patronage qui le recueille dans son asile en attendant son placement définitif, soit à toute autre Société de sauvetage, ou orphelinat, ou refuge, ou enfin à l'Assistance publique. Ceux qui comparaissent devant le tribunal sont défendus par un avocat membre du Comité, désigné par le bâtonnier. Le Comité est en relation avec les directeurs des deux colonies d'Aniane et du Luc, où sont envoyés les enfants qui ont comparu devant le tribunal de Marseille. Le Président va visiter ces colonies au moins une fois par an ; il entretient une correspondance suivie avec ses pupilles. Lorsque l'enfant mérite par sa conduite de sortir de la maison de correction, le Comité intervient pour obtenir cette libération et assure la surveillance de l'enfant, soit directement, soit par l'intermédiaire de la *Société de Patronage des adolescents*.

Le Comité s'occupe, en outre, des mineurs de seize à dix-huit ans, qui sont signalés au Président, par le parquet ou le juge d'instruction, comme dignes d'intérêt. Ils sont vus à la prison dans les mêmes conditions que les enfants et les mesures qui sont prises en leur faveur sont les mêmes que pour ces derniers. Lorsque ces jeunes gens sont âgés de dix-huit ans le Comité les encourage à contracter un engagement dans l'armée. Les formalités sont remplies par le Comité avec le bienveillant concours du parquet. Une fois l'engagement signé, le Comité signale le jeune soldat à la *Société de Protection des engagés volontaires*, dont le Président M. Félix Voisin, a bien voulu les admettre sous son patronage.

Le budget du Comité est de 500 francs, montant de la subvention du Conseil général. Cette somme sert au paiement des frais de transport des enfants de la prison au Palais en voiture particulière, et à l'entretien de la bibliothèque et des fournitures scolaires à la prison.

MENDICITÉ, VAGABONDAGE. — Lorsqu'il s'agit de mineurs de seize ans, le Comité facilite, soit leur rapatriement chez leurs parents, soit leur placement dans les différentes œuvres de protection et de sauvetage de l'enfance ; s'il y a lieu, le Comité fait poursuivre la déchéance de la puissance paternelle. Si enfin, et c'est ce qui arrive le plus souvent, l'enfant est déjà vicieux, tous les efforts du Comité tendent à obtenir du tribunal son envoi en correction.

Lorsqu'il s'agit de jeunes adultes, le Comité les réclame au parquet et leur évite la première condamnation, et on les confie à la *Société de Patronage des adolescents*.

PARTICULARITÉS. — Le Comité de défense est à la fois une Société d'études et de patronage ; mais il n'a pas à hospitaliser ses patronnés. Il les place dans les asiles ou écoles de diverses Sociétés de protection de l'enfance et de la jeunesse, avec lesquelles il est en rapports constants. Il est l'intermédiaire entre l'enfant coupable et la justice, d'un côté, et les œuvres et sociétés, de l'autre.

B. — Résultats de l'Œuvre.

Les réformes obtenues par le Comité de défense à Marseille depuis le jour de sa création sont des plus importantes : suppression de la voiture cellulaire ; — création de cellules spéciales au Palais de Justice ; — ouverture de préaux spéciaux à la prison ; — création de l'école à la prison ; — fondation d'un vestiaire et d'une bibliothèque à la prison ; — suppression de la procédure du flagrant délit ; — organisation de la défense des enfants.

Par son influence, le Comité est arrivé à obtenir la suppression presque complète des courtes peines prononcées contre les enfants et le remplacement de la prison par l'envoi en correction jusqu'à vingt ans. Le nombre des envois en correction est maintenant de 45 à 50 par an, alors qu'autrefois il n'était que de 7 ou 8.

Au point de vue théorique, le Comité a contribué à répandre les idées de réformes défendues par le *Comité de défense* de Paris et par la *Société générale des prisons*. Les rapports qui ont été faits en séance sont les suivants :

Rapport sur les moyens à prendre pour assurer l'isolement de l'enfant, par M. Corlichiatto ;

Sur l'âge de la responsabilité pénale sur les mineurs, par M. Valensi ;
Sur le vagabondage des enfants, par M. Jauffret ;
Sur la mendicité des enfants, par M. Brunet ;
Sur le rôle de l'avocat dans la défense de l'enfant, par M. Bergasse ;
Sur l'application de la loi de 1889 aux parents étrangers, par M. Bédarride.

NOMBRE DE PATRONNÉS. — Pendant la première année, le Comité a eu à s'occuper de 54 enfants, et de 10 mineurs de seize à dix-huit ans. Sur ce nombre, 17 ont été confiés par le Comité à la Société de patronage, 8 ont été envoyés en maison de correction, 7 ont contracté un engagement militaire.

Année 1894. — Mineurs de seize ans : 123, dont 48 ont été envoyés en correction, 8 confiés à l'Assistance publique et au Patronage. — Mineurs de seize à dix-huit ans : 84, dont 29 ont été confiés au Patronage et 15 engagés volontaires.

Année 1895. — Mineurs de seize ans : 170, sur lesquels 18 ont été confiés à l'Assistance ou aux Œuvres de patronage et 54 envoyés en correction. — Mineurs de seize à dix-huit ans : 108, dont 27 ont été confiés au Patronage, 35 rendus à leurs parents et 22 admis à contracter un engagement militaire.

C. — Difficultés et solution.

Le Comité a trouvé auprès du parquet de Marseille, du tribunal et de la Direction de la 32ᵉ circonscription pénitentiaire, l'appui le plus complet. Le Premier Président et le Procureur Général de la Cour d'Aix, le Président et le Procureur de Marseille en sont les présidents d'honneur. Tous les vœux du Comité ont été réalisés par le parquet et par l'Administration pénitentiaire.

Le président du Comité,
A. VIDAL-NAQUET.

———

TOULOUSE
Société de Patronage des libérés.

Réponse de M. le Professeur Georges VIDAL

A. — Définition et fonctionnement.

La *Société de Patronage des libérés de Toulouse* a été fondée le 6 avril 1894 par le *Bureau de la Miséricorde*, Commission de surveillance des prisons.

Le *Bureau de la Miséricorde* est une ancienne confrérie charitable établie pour le soulagement des pauvres prisonniers en 1570 et transformée en 1830 en Commission de surveillance des prisons. Ses membres, au nombre de douze, ont toujours très exactement visité les détenus une fois par semaine, leur accordant, sur les indications de l'Administration pénitentiaire, des secours en nature (vêtements, chaussures, etc.), quelquefois en argent, favorisant souvent leur rapatriement.

Mais les membres du *Bureau de la Miséricorde* n'avaient jamais consenti à entrer en relations avec les détenus sortis de prison et à pratiquer réellement le patronage des libérés (1).

Il a fallu, d'une part, l'élan donné au développement du patronage par le Congrès de Paris de 1893, d'autre part, le renouvellement partiel du *Bureau de la Miséricorde*, réduit depuis assez longtemps à six membres, pour poser les bases de la Société autorisée par arrêté préfectoral du 6 avril 1894.

Cette Société se compose des douze membres du *Bureau de la Miséricorde*, fondateurs, de membres d'honneur et de droit pris parmi les hauts fonctionnaires de la ville et les magistrats, enfin de souscripteurs volontaires.

But. — La Société, ainsi que le proclament ses statuts, a pour but de venir en aide aux libérés des deux sexes et de tout âge, sans distinction de culte et de nationalité, qui montrent un désir sincère de se procurer des moyens honnêtes d'existence par le travail, de favoriser ainsi leur relèvement moral et leur réintégration dans la vie sociale régulière. Son action s'étend aux libérés de toutes les catégories, c'est-à-dire aussi bien à ceux qui ont bénéficié d'une décision du Parquet, d'une ordonnance ou arrêt de non-lieu, d'un jugement ou d'un arrêt d'acquittement, de la loi suspensive de la peine, de la libération conditionnelle ou d'une mesure gracieuse, qu'à ceux qui sont parvenus au terme légal de leur condamnation. Elle accorde sa protection aux libérés sortant des prisons de la 28e circonscription pénitentiaire (Haute-Garonne, Tarn, Ariège).

Les détenus sont avisés de son existence par l'affiche des statuts dans les prisons et l'invitation d'adresser au Président de la Société leur demande de patronage avant leur libération. La sélection s'opère, pour les détenus de Toulouse, par l'examen de leurs dossiers, à la suite des visites que leur fait à la prison le Président de la Société ou son délégué; pour les détenus des autres prisons, sur le vu de leurs dossiers administratifs, après l'avis du Directeur de la circonscription pénitentiaire et en ayant égard à leur conduite en prison. Nous nous occupons de créer des *Comités* de correspondants dans les villes les plus importantes de notre région. Un Comité est déjà institué à Saint-Gaudens auprès de la nouvelle prison cellulaire, dont la population pénitentiaire très restreinte se réduit de jour en jour.

Le *Bureau de la Miséricorde* continue, du reste, par l'intermédiaire de celui de ses membres qui fait la visite hebdomadaire officielle à la prison, d'accorder des secours en nature ou le rapatriement aux libérés moins intéressants, qui ne sollicitent pas le patronage, mais qui sont dépourvus de ressources. Enfin, la Société de patronage vient aussi au secours des mineurs de seize ans de l'un ou de l'autre sexe qui, acquittés pour avoir agi sans discernement, mais néanmoins envoyés en correction d'après l'article 66 du Code pénal, sont laissés et maintenus dans les maisons d'arrêt ci-dessus indiquées ; elle s'entend, pour ces enfants, avec l'Assistance publique, avec laquelle elle a les meilleurs rapports.

Visites. — De fréquentes visites sont faites dans la prison par le Président de la Société aux détenus qui ont sollicité le patronage et à ceux qui, n'ayant pas adressé de demande, sont signalés comme dignes d'intérêt par le Directeur de la circonscription et le gardien-chef très dévoués à l'Œuvre. La prison de Toulouse étant malheureusement une prison en commun, les visites ont lieu au greffe de la prison, en présence et avec le concours précieux du directeur et du gardien-chef, qui fournissent immédiatement la plupart des renseignements jugés nécessaires.

Placements. — Le placement des libérés est très difficile dans notre ville et dans la contrée, par suite, d'une part, de la défiance et de la répulsion du public à leur égard, d'autre part, de la crise commerciale et agricole subie par le pays et du grand nombre d'ouvriers sans travail ou emploi dont le passé est cependant sans antécédents judiciaires. Toutefois, par suite des relations personnelles de ses membres, la Société est parvenue à placer quelques patronnés dont la conduite n'a jusqu'à présent donné lieu à aucune plainte. Ces placements ont généralement nécessité l'intervention active du Bureau de la Société, et les patronnés ont difficilement réussi à se placer eux-mêmes, par suite de la concurrence et de la réduction du personnel des ouvriers et employés.

Engagements dans l'armée. — La Société a réussi, au contraire, à faire engager dans l'armée un assez grand nombre de jeunes gens, et elle rencontre auprès du colonel commandant le Bureau de recrutement de Toulouse l'appui le plus bienveillant et le plus dévoué. Ses protégés ont écrit depuis leur arrivée au corps des lettres de reconnaissance attestant leur satisfaction et leur désir de bien faire.

Rapatriements. — Les patronnés rapatriés l'ont été, soit par voie administrative et par chemin de fer, soit directement par la Société en faisant prendre, par son agent, le billet de chemin de fer remis au rapatrié avec une somme d'argent pour pourvoir aux nécessités du voyage.

Secours. — Des secours en nature et en argent sont accordés aux patronnés placés, engagés, rapatriés, qui s'en montrent dignes, pour attester l'intérêt que continue à leur porter la Société et les récompenser de leur bonne conduite. Leurs familles sont également secourues, quand elles en ont réellement besoin.

ASILE. — Le *Bureau de la Miséricorde* étant propriétaire, depuis le XVIIIe siècle, d'un immeuble à trois étages avec cour intérieure, situé rue du May, 5, des dortoirs ont été aménagés dans cette maison et un atelier de fabrication de ligots ou allume-feu a été établi au rez-de-chaussée et dans la cour. Les patronnés, logés, nourris et vêtus aux frais de la Société, sont soumis à l'obligation du travail. L'organisation de ce travail, à la portée de tous, en permettant à notre modeste budget de supporter les lourdes charges de notre charité, nous protège contre l'exploitation de ceux qui chercheraient dans l'oisiveté un repos transitoire et un agréable intermède entre deux condamnations ; elle nous fournit, en outre, un moyen précieux de nous assurer des dispositions de nos patronnés, de faire un choix éclairé et de ne continuer nos secours qu'aux laborieux et aux méritants. Nous n'avons pu fixer une limite précise au séjour dans notre Asile, à raison de la difficulté si grande des placements. Nous avons même dû conserver, à titre de pensionnaires, pour la nourriture et le logement, quelques-uns de ceux que nous avions placés, leur faible salaire ne leur permettant pas au début de se suffire entièrement. Du reste, cette tolérance charitable n'a nui à personne. Notre Asile n'est jamais au complet et nous n'avons pas dû refuser des admissions, pour cause d'encombrement ; cela tient au caractère particulier et flottant de notre population pénitentiaire, composée en grande partie de récidivistes et petits délinquants de profession peu soucieux de se laisser patronner.

APPUI MORAL. RELATIONS AVEC D'AUTRES ŒUVRES. — La Société continue à ses protégés son appui moral après leur placement, leur engagement, leur rapatriement. Ses membres actifs entretiennent des correspondances avec ceux qui ont quitté Toulouse, leur envoient des encouragements et des secours, visitent ceux qui sont placés en ville dans leurs ateliers, leurs chantiers, se mettent en relation avec leurs chefs et leurs patrons.

D'autres Œuvres nous ont prêté leur concours : *Société de Saint-Vincent-de-Paul, de Saint-François-Régis, Œuvre de l'hospitalité du travail,* créée pour les femmes par le R. P. Guillermin, de l'ordre des Frères Prêcheurs. Enfin la *Société de protection des engagés coloniaires* est venue, avec sa bienveillance bien connue, à notre aide pour l'engagement de quelques patronnés.

BUDGET. — Le budget de la Société se compose de cotisations de 5 francs pour les membres titulaires, de 20 francs pour les bienfaiteurs. Le chiffre total de nos souscripteurs ne dépasse guère, malgré tous nos efforts et les appels réitérés au public, une centaine. Des subventions nous ont été accordées : 500 francs par le Ministère de l'Intérieur, 200 francs par le Conseil général de la Haute-Garonne, 500 francs par le Conseil muni-

cipal de la ville de Toulouse, 50 francs par chacun des Conseils généraux
de l'Ariège et du Tarn-et-Garonne. Le budget total pour 1895 est de :
recettes, 4.824 francs ; dépenses, 4.369 fr. 50. Mais le *Bureau de la misé-*
ricorde jouit d'une rente sur l'État de 4.453 francs et d'une rente foncière
de 50 francs, dont une partie constitue, pour l'OEuvre du patronage, une
réserve assurée.

Pécule. — Nous exigeons, en principe, la remise du pécule par le patronné au moment de sa libération. Le gardien de notre Asile, qui va
chercher à la prison le libéré, se fait livrer par lui son pécule, afin d'éviter
que cette somme soit immédiatement dissipée et que l'attrait de cette
dépense détourne le libéré de l'idée du patronage. La somme ainsi
remise par le libéré est passée au crédit du compte qui lui est ouvert à
l'Asile pour les produits de son travail et les dépenses occasionnées par
son entretien. Le pécule est ordinairement insignifiant, parfois nul, par
suite de la courte durée des peines subies dans notre prison. Mais sa
remise doit être considérée comme une mesure nécessaire : d'une part,
elle est la première preuve du désir sincère d'amendement ; d'autre part,
c'est le seul moyen d'éloigner du libéré les occasions d'entraînement résultant de la possession d'une somme d'argent et des nombreuses tentations de la dépenser avec de mauvais camarades.

Mendicité et vagabondage des enfants. — Il y a, à Toulouse, un grand
nombre d'enfants mendiants, vagabonds ou se livrant à la contrebande
des allumettes ; les uns sont exploités par leurs parents, les autres sont
abandonnés par eux ou échappent à leur surveillance. On n'a encore malheureusement rien fait pour ces enfants, et il est difficile d'organiser
quelque chose. La magistrature répugne à frapper de déchéance des
parents cependant indignes ; la tradition romaine couvre encore la puissance paternelle dans nos anciens pays de droit écrit. Les enfants arrêtés
et poursuivis sont généralement rendus à leurs parents ; ce n'est qu'après
d'assez nombreuses récidives que les magistrats se décident à les envoyer
en correction et encore, le plus souvent, pour un, deux ou trois mois
dans notre prison où rien n'est organisé pour élever et faire travailler
les enfants et d'où ils sortent pour retomber dans le même milieu dangereux et corrupteur. Nous pourrions citer l'exemple d'un jeune mineur
qui, dans le courant de l'année 1893, a été condamné vingt et une fois
pour contrebande d'allumettes à 300 francs d'amende chaque fois et constamment rendu à sa mère veuve, pour le compte de laquelle il vendait
les allumettes ; depuis, devenu majeur de seize ans, il a été condamné
deux fois pour vol. Une tendance paraît se manifester actuellement vers
l'envoi en correction jusqu'à vingt ans. Mais le sauvetage de l'enfance
n'est pas encore organisé, et il est bien difficile à établir à Toulouse. La
magistrature et le barreau s'intéressent peu à ces œuvres de patronage,
au succès desquels ils ne croient pas ; ils nous ont fourni un très petit

6

nombre d'adhérents, et il n'a pas encore été possible de créer un Comité de défense des enfants traduits en justice.

PARTICULARITÉS. — Le caractère particulier de la population pénitentiaire de la prison de Toulouse et la défiance, non seulement du public ordinaire, mais de ceux-là mêmes qui devraient le mieux nous seconder, nous obligent à être très prudents, très circonspects dans notre patronage et concentrent en grande partie notre protection sur les jeunes gens. Par suite de l'indulgence croissante des magistrats, les condamnations dépassent rarement trois mois d'emprisonnement et la population de notre prison est essentiellement flottante. Elle se renouvelle quatorze ou quinze fois dans le courant d'une année. L'Administration pénitentiaire n'a souvent pas le temps de connaître les détenus, dont la courte peine prononcée est encore abrégée par l'imputation de la détention préventive : récidivistes endurcis, du reste, pour la plupart, petits délinquants, vagabonds, coupables de menus vols ou délits de grivèlerie, qui sont pour eux le moyen d'obtenir une hospitalité désirée dans une prison très confortable, où le travail est peu pénible (polissage du marbre et tressage de semelles de sandales); beaucoup n'ont même pas le temps de faire l'apprentissage. Notre action n'est donc sérieusement efficace et utile que pour les jeunes gens, trop nombreux, hélas! que nous pouvons faire engager dans l'armée, enfants abandonnés de bonne heure, corrompus et exploités par leurs parents, vagabonds, petits voleurs, trop souvent condamnés à de courtes peines avant l'âge de seize ans, ayant ainsi avant leur majorité pénale un casier judiciaire qui les envoie malheureusement, à notre grand regret, dans les bataillons d'Afrique.

Peu ou pas de femmes dignes d'intérêt ou demandant notre appui; leur nombre est très restreint dans notre prison; presque toutes ont leur famille qu'elles retrouvent sans notre intervention : des contrebandières d'allumettes, subissant la contrainte par corps qu'elles acceptent comme un risque professionnel, reprennent, dès qu'elles sont libres, leur métier auquel elles associent leurs enfants ou des enfants vagabonds échappés à leurs parents, enfants de tout sexe qu'elles recueillent chez elles et font vivre dans une promiscuité déplorable.

B. — Résultats de l'Œuvre.

Depuis sa fondation, la Société a été saisie de 80 demandes. A raison de la sélection nécessaire que la Société opère assez sévèrement, les résultats de notre patronage se réduisent à : 10 engagements militaires, 9 placements, 9 rapatriements, 10 réhabilitations ou instances en réhabilitation actuellement engagées avec chance de succès, 2 réconciliations avec la famille, 8 admissions actuelles à notre Asile de patronnés à placer ou à engager. Onze admissions sont demeurées sans résultat utile, les patronnés impatients ou découragés nous ayant quittés avant tout placement. Nous avons recommandé aux directeurs des colonies pénitentiaires, dans lesquelles ils ont été envoyés jusqu'à vingt ans, 5 jeunes détenus dont les notes de conduite nous sont communiquées et auxquels nous envoyons quelque argent en témoignage de notre intérêt et de notre satisfaction.

C. — Difficultés et solutions.

DIFFICULTÉS. — Les difficultés qui entravent notre action sont de deux sortes : d'une part, l'influence désastreuse, l'attrait même de la vie commune dans une vaste prison, très confortablement aménagée, où les hôtes volontaires et habituels, récidivistes obstinés, détournent du retour au bien ceux qui seraient disposés à solliciter notre appui ; d'autre part, difficulté du placement, tenant à l'ignorance et à l'inexpérience de nos patronnés qui n'ont appris aucun métier et ne peuvent soutenir la concurrence d'ouvriers habiles demandant du travail, à l'incrédulité, au scepticisme de ceux-là mêmes qui devraient seconder nos efforts, enfin à la mauvaise volonté, à la répulsion du public qui ne veut pas s'intéresser à des hommes sortant de prison.

SOLUTIONS. — En attendant la transformation cellulaire désirable de notre maison d'arrêt, pour diminuer l'intensité de l'obstacle que rencontre notre propagande dans cette prison commune, nous visitons fréquemment les détenus, nous nous mettons en relations avec eux, nous les voyons seuls, séparés des autres, nous leur montrons tous les avantages de notre protection, nous les appelons à réfléchir sur leur avenir, leur conseillant de ne pas communiquer leur projet de retour au bien à ceux de leurs camarades qui pourraient contrarier nos efforts. Enfin, le jour de la libération arrivé, le surveillant de notre Asile va prendre notre protégé à la prison, se fait remettre le pécule acquis pendant la peine et conduit le nouveau converti à l'Asile, où il est soustrait à tout mauvais conseil et soumis à l'heureuse influence du travail. Nous sommes puissamment aidés dans cette œuvre difficile par le zèle et l'intelligente influence du Directeur de la 28e circonscription pénitentiaire et du gardien chef de notre maison de correction.

La défiance du public diminuera par la publication des résultats et des succès obtenus. Le public ne s'intéresse pas aux libérés, parce qu'il ne croit pas à leur régénération. Il ne voit, dans leur application au travail, qu'une trêve momentanée, qu'une halte dans leur existence criminelle, dont ils ne tarderont pas à reprendre le cours. Il considère comme victimes d'une pure illusion ceux qui s'intéressent et ont foi au patronage des libérés. Le public ignore, il est victime de préjugés. La patience, l'expérience, la preuve des succès obtenus, persistants, peuvent seules avoir raison de cette ignorance et de l'indifférence, de l'hostilité même qui en sont la conséquence. La plus grande prudence, une extrême réserve sont nécessaires dans le choix de nos patronnés, dans les placements que nous sollicitons, pour éviter des déceptions, des mécomptes qui nous aliéneraient les esprits, puisqu'au préjugé, au soupçon viendrait s'ajouter la preuve de mécomptes et d'insuccès.

Les membres actifs de la Société se mettent en relations avec les industriels, les patrons, toutes les personnes qui peuvent faciliter l'œuvre du patronage; ils les conduisent à l'Asile pour voir à l'œuvre les libérés devenus laborieux et exciter ainsi l'intérêt en faveur de nos pensionnaires.

Le Président de la Société a, pour attirer la jeunesse vers l'Œuvre du patronage des adultes et des enfants, ouvert, à la Faculté de droit, un cours libre de science pénitentiaire complété par des visites à l'asile municipal de nuit, à la prison de Toulouse, aux prisons cellulaires de Foix et de Saint-Gaudens, à l'asile des libérés. Il a posé comme condition de ces visites l'adhésion et la souscription à l'Œuvre du patronage. 70 auditeurs suivent le cours depuis le commencement du mois de décembre; 30 se sont jusqu'à présent fait inscrire en versant une cotisation de 5 francs chacun pour les visites promises; leur nombre augmentera certainement quand ces visites seront commencées.

Il serait à désirer, pour faciliter le patronage, lorsque l'engagement militaire et le placement sont impossibles, que des moyens fussent mis à la disposition des Sociétés pour l'expatriation et l'envoi des libérés dans les colonies; que le *Bureau central des sociétés de patronage* se mît en relations avec des Sociétés d'émigration et obtînt d'elles des facilités pour le transport des patronnés et l'organisation de protecteurs dans les colonies.

Enfin la transformation cellulaire de notre prison de Toulouse faciliterait notre action; elle éviterait les dangers d'entraînement et de corruption de la vie commune, elle réduirait le nombre des hôtes de la prison qui en font leur séjour préféré (l'expérience de Foix et de Saint-Gaudens en fournit la preuve convaincante : à Foix, la population pénitentiaire, de 35 détenus en moyenne autrefois, est tombée à 8 ou 10 au plus; à Saint-Gaudens, de 15, elle est réduite à 5 ou 6, souvent 2 ou 3). Le public serait lui-même moins défiant à l'égard du libéré, dans lequel il redoute aujourd'hui l'influence des mauvais conseils, des mauvais enseignements des malfaiteurs de profession.

Le Président :
GEORGES VIDAL.

ROUEN
Société de patronage des libérés.

Réponse de M. le docteur LE PLÉ

A. — Définition et fonctionnement.

La *Société de patronage des libérés* de Rouen, fondée le 3 août 1873, a été autorisée par arrêté préfectoral du 21 décembre 1874. Elle a été formée entre les membres de la Commission de surveillance des prisons et les personnes qui, présentées par l'un d'eux, donneraient leur adhésion aux statuts.

BUT. — La Société accorde son assistance aux libérés adultes des deux sexes et aux jeunes détenus sous forme de secours, de vêtements, de frais de route pour les rapatriements, de placements et d'engagements militaires pour les mineurs de vingt et un ans.

FONCTIONNEMENT. — Le Bureau de la Société statue, dans sa séance mensuelle, sur les demandes d'admission au patronage et l'agent de la Société se met en rapport avec les patronnés; c'est lui qui fait les démarches nécessaires pour les placements, les rapatriements, etc.

Le Bureau n'admet au patronage effectif que les individus qui présentent quelques garanties, tant par leur antécédents que par leurs dispositions. Lorsqu'ils ne peuvent être placés immédiatement, ils sont envoyés, s'il y a lieu, chez un aubergiste de la ville qui leur donne la nourriture et le logement dans des conditions déterminées.

Il rapatrie ceux qui ont de la famille ou des moyens d'existence assurés dans d'autres localités.

Il accorde, soit des secours, soit des bons de vivres et de logement, pour un temps variable, à des individus sans ressources qui paraissent pouvoir se créer des moyens d'existence par leur travail.

Enfin, il refuse rarement des effets d'habillement à des libérés, même peu dignes d'intérêt en raison de leurs antécédents, lorsqu'ils n'ont pas de pécule, afin d'éviter qu'ils ne retombent en faute aussitôt leur sortie de prison.

Au point de vue moral, la Société, sachant à quelles sollicitations sont en butte les individus qui sortent de prison de la part d'anciens détenus qui les attendent à la porte le jour de leur sortie, fait accompagner, soit aux gares de chemin de fer, soit au refuge, ceux qu'elle a pris sous sa protection, de manière à les soustraire aux influences mauvaises.

RELATIONS AVEC D'AUTRES ŒUVRES. — Les jeunes détenus engagés dans l'armée sont signalés à la *Société de protection des engagés volontaires élevés sous la tutelle administrative*, présidée par M. le conseiller Félix Voisin, qui les prend sous son patronage.

Quelques jeunes filles sans famille qui puisse les recevoir sont envoyées au Refuge de Darnétal, près Rouen, qui a toujours consenti à les recevoir.

Budget. — Le budget de la Société se compose de souscriptions, de collectes du jury, de subventions accordées par l'État, le département et la ville et de rentes sur l'État.

Le revenu annuel, y compris les subventions, se monte à 3.250 francs.

Pécule. — Aux termes des statuts, les patronnés doivent consentir à ce que leur masse de réserve soit versée dans la caisse de la Société; mais, en fait, cette mesure n'est pas généralement appliquée, soit par suite de la situation du patronné, soit à cause du peu d'importance de ce pécule.

Mendicité des enfants. — Sur l'initiative de la Société, un Refuge a été ouvert le 1er mai 1879 pour recevoir les enfants moralement abandonnés qui vivent de la charité publique, dans le but de les soustraire à la prison.

Asile. — Ce Refuge a commencé avec six lits; puis successivement il est arrivé à vingt-cinq, chiffre qui aurait été vite dépassé, si les locaux et les ressources avaient permis de le faire, car les enfants de cette catégorie sont nombreux dans une ville industrielle.

Les dépenses occasionnées par cet établissement ne permirent pas à la Société de continuer son œuvre, en raison de l'insuffisance de ses ressources, et elle fut reprise par une Société spéciale.

Il existe, aux portes de Rouen, deux établissements qui reçoivent les enfants moralement abandonnés ou vagabonds :

1° Le refuge des enfants abandonnés, de Bihorel, créé par la Société du patronage de Rouen et qu'elle a dû abandonner;

2° Les petits déshérités, de Grand-Quevilly.

Particularités. — La Société s'occupe, non seulement des détenus des prisons de Rouen qui sollicitent son assistance, mais encore de tout détenu épentant venant résider dans la ville, qui remplit les conditions exigées par les statuts.

B. — Résultats.

La Société a publié plusieurs comptes rendus de ses travaux.

Pour ne parler que des deux dernières années, 49 individus ont été admis au patronage : 30, en 1894; 19, en 1895. Cinquante-trois ont été secourus : 25 en 1894, et 28, en 1895, soit par la remise de secours en argent, soit par des bons de vivres et de logement.

C. — Difficultés et solutions.

Le voisinage de Paris et aussi le fait que le séjour n'est pas interdit font que Rouen, à cause des ressources qu'offre la ville, attire un grand nombre de déclassés, que l'irrégularité de conduite et particulièrement l'abus des boissons amènent en prison. L'insuffisance des ressources ne permettrait pas de les patronner tous; aussi la Société a-t-elle pris le parti, quand ils sollicitent son aide, de les mettre à même de chercher eux-mêmes du travail en leur accordant pendant quelques jours des bons de vivres et de logement. En fait, plusieurs réussissent ainsi à trouver une occupation.

La seule difficulté que rencontre la Société consiste dans le placement de ceux qui appartiennent à la catégorie des employés. Les travaux exercés dans les prisons départementales ne préparent guère leur reclassement; cependant, grâce au concours de personnes dévouées, la Société a pu procurer des emplois à plusieurs de ses patronnés.

La répugnance qu'inspire le libéré est le principal obstacle au patronage. Il semble que l'extension des Sociétés aurait les plus heureux effets en intéressant un plus grand nombre de personnes au sort des prisonniers.

Le Vice-président,

A. LE PLÉ.

LILLE

Société de patronage des prisonniers libérés.

Réponse de M. CARPENTIER

A. — Définition et fonctionnement.

Les *Patronages et Œuvres de réhabilitation* constituent, depuis 1895, une section de l'*Office central lillois des institutions sociales et charitables*.

L'Œuvre existait, en fait, depuis plusieurs années, à titre d'initiative privée de deux ou trois personnes; mais la Société, régulièrement constituée, n'a été reconnue que le 11 janvier 1896 par arrêté préfectoral.

BUT. — La Société s'occupe surtout des enfants abandonnés ou coupables; mais elle ne néglige aucune occasion d'aider au relèvement des adultes.

FONCTIONNEMENT. — Comptant parmi ses membres un grand nombre d'avocats et la plupart des commissaires de surveillance des prisons, elle est à même d'exercer son influence sur les prisonniers en cours de peine.

Elle ne choisit aucun visiteur : le service des visites est fait par les personnes que leurs occupations appellent dans les prisons.

Les placements sont obtenus par des appels publiés dans les journaux. Chaque appel amène environ 40 demandes d'enfants. La moralité des postulants fait alors l'objet d'une enquête, grâce aux bons offices du Parquet.

La Société s'est affiliée aux patronages belges de Tournai et de Courtrai et a ainsi assuré à son action un caractère international indispensable sur nos frontières.

PÉCULE. — Nous n'exigeons aucune remise de pécule, trouvant que cette exigence, surtout préalablement posée comme une condition de l'intervention de la Société, ne pourrait qu'écarter d'elle les libérés.

MENDICITÉ DES ENFANTS. — Nous sommes hors d'état de parer préventivement à la mendicité et au vagabondage des enfants. Nous pouvons seulement caser ceux dont on nous signale la mauvaise conduite, à la condition qu'il y ait encore quelque chose à attendre du placement individuel. Si l'envoi en correction est nécessaire, nous sommes réduits à l'abstention : jamais, en effet, nous n'avons pu obtenir d'une colonie française ou belge qu'elle consentît à prendre des *garçons* non condamnés.

Pour les filles, les maisons du *Bon-Pasteur* les prennent moyennant une pension avoisinant 200 francs.

Nous appelons tout particulièrement l'attention du Congrès sur l'impossibilité de réaliser l'internement d'un enfant incorrigible, si ce dernier n'a été au préalable condamné ou acquitté comme ayant agi sans discernement. Il est vraiment indispensable de faire un appel collectif à tous les directeurs de colonies privées pour remédier à cette situation. (La colonie de Citeaux, qui acceptait des enfants dans ces conditions, sera prochainement vendue.)

B. — Résultats.

La Société, étant encore fort jeune, n'a pas à produire de grosses statistiques :

Enfants patronnés : 7.
Adulte : 1 jeune fille.
Affaires diverses traitées dans le trimestre : 34 (dont 13 internationales).

C. — Difficultés et solutions.

La grosse difficulté est l'indifférence du public, malgré la modicité de la cotisation (5 francs). Les appels par voie de presse n'ont produit aucun effet. Il faut aller voir les gens chez eux pour obtenir quoi que ce soit.

Il serait très désirable que, en vue de dépayser les enfants vagabonds ou fraudeurs, il fût possible d'obtenir des parcours gracieux des Compagnies de chemins de fer, sans être obligé d'avoir recours à un arrêté pour chaque cas. En outre, nous désirerions voir profiter d'une réduction les employés qui seraient éventuellement chargés d'accompagner les enfants chez des nourriciers éloignés.

Nous offririons volontiers à d'autres Sociétés des placements pour le Nord à charge de revanche.

Le Secrétaire,
CARPENTIER.

VERSAILLES

Patronage des enfants délaissés et des libérés de Seine-et-Oise.

Réponse de M. DEVAUX

A. — Définition et fonctionnement.

La *Société de Patronage des enfants délaissés et des libérés de Seine-et-Oise* a pour but :

1º De recueillir, avant toute condamnation, les enfants inculpés de vagabondage ou d'autres délits, lorsque le Parquet consent à ne pas exercer des poursuites ;

2º D'arracher aux habitudes d'une vie criminelle et dépravée et de moraliser par le travail les libérés de l'un et l'autre sexes qui, à la suite d'une enquête sérieuse, lui paraissent susceptibles de revenir au bien ;

3º De venir en aide aux familles nécessiteuses des détenus.

Le siège de la Société est, 19, rue Saint-Pierre, où habite l'agent de la Société.

VISITES. — Des placards sont affichés dans les deux prisons de Versailles : la maison d'arrêt et de justice (hommes) de la rue Saint-Pierre (1) et la maison d'arrêt (femmes) et de correction.

Le Président du Comité de placement fait régulièrement chaque semaine une ou deux visites, au parloir des avocats, aux détenus qui lui sont signalés par les deux gardiens chefs, dont on ne saurait assez louer le zèle et le dévouement. Le Président de la Société en fait aussi, de son côté, aussi souvent qu'il le juge nécessaire.

Lorsque la situation d'un enfant ou d'un détenu le rend utile, le Président ou l'agent se met en relation avec le Parquet ou avec l'un des deux juges d'instruction pour étudier les mesures à prendre dans son intérêt. De même, inversement, ces magistrats font souvent appel au concours de la Société pour des engagements ou des placements. Les rapports entre l'Œuvre et la magistrature sont des plus étroits et des plus cordiaux.

Pour les femmes, deux dames patronnesses dont la charité est au-dessus de tout éloge, Mmes Debray et André Monnier, font la visite, depuis deux ans, deux ou trois fois par semaine. Une troisième personne s'occupe plus particulièrement des enfants en danger moral.

Mmes Debray et Monnier vont dans la salle commune et causent avec les détenues pendant une demi-heure ou trois quarts d'heure. Puis elles se mettent, dans un local séparé, à la disposition de celles qui désireraient

(1) Cette prison contient 90 cellules et 2 ou 3 salles communes. Elle est malheureusement très insuffisante pour la population. On est parfois obligé de mettre plusieurs prévenus dans la même cellule.

les entretenir en particulier. Ces dames sont très efficacement aidées dans leur mission par le zèle actif de la surveillante chef.

Asile. — Nous possédons, rue Saint-Simon, n° 4, un petit asile composé de deux pièces, où nous mettons coucher les libérés ou les libérées dignes d'intérêt pour qui notre Comité de placement n'a pu trouver un emploi pour le jour même de leur libération. Cette hospitalisation est rare pour les hommes et, en tous cas, elle ne depasse presque jamais trois ou quatre jours : ce sont le plus souvent des engagés volontaires attendant leurs pièces. Elle est plus fréquente et plus prolongée pour les femmes ou filles, dont le placement est souvent difficile : elle se prolonge parfois jusqu'à quinze jours ou trois semaines. Un restaurant du voisinage donne aux hospitalisés la nourriture à un prix très modéré. De même, un logeur des environs peut loger très économiquement ceux que l'encombrement ne permettrait pas de recueillir.

Placements. — Les jeunes enfants sont placés, dans la mesure où nos ressources nous le permettent : les garçons, à l'orphelinat de l'abbé Cornu, à Giel, près Argentan ; les filles, à ceux de M. Groult, à Vitry-sur-Seine, et de MM. Farcy et Hoppenheim, fabricants de corsets, à Clermont (Oise). Les hommes sont rapatriés ou engagés dans l'armée ou recommandés pour un emploi. Les femmes sont placées comme bonnes ou filles de ferme, ou comme aide-jardinières.

Pécule. — Nous nous efforçons d'obtenir de nos patronnés la remise de leur pécule. Mais depuis quelque temps cette remise, surtout de la part des femmes, s'obtient très difficilement. Il a suffi, dans la prison en commun où sont détenues toutes les femmes, prévenues ou condamnées, d'une mauvaise nature pour monter la tête à toutes les autres, créer une légende sur les abus de notre caissier et dissuader ses codétenues de lui confier leur masse de sortie.

Nous étudions en ce moment cette délicate question et nous songeons à la résoudre par la création de livrets de caisse d'épargne postale ; mais nous sommes heureux qu'elle ait été inscrite à l'ordre du jour du Congrès de Bordeaux.

Mendicité des enfants. — Le genre des promeneurs qui fréquentent les avenues, le parc, et les curiosités de Versailles a beaucoup contribué à développer la mendicité infantile. Jusqu'à ce jour il a été pris peu de mesures pour la prévenir ; mais la Municipalité s'en préoccupe, et il est probable qu'une entente va s'établir entre elle et notre Œuvre dans le but de faire recueillir les plus intéressants de ces enfants.

Aussitôt qu'un enfant moralement abandonné est signalé par une personne charitable au Président, une enquête est commencée, et, si les parents sont réellement indignes, ou seulement incapables de s'en occuper, la Société fait les démarches nécessaires, le recueille et le place dans un orphelinat ou en apprentissage et assure son avenir.

Secours. — L'an passé, nous avons distribué :

Secours aux libérés et vagabonds (rapatriements ou chaussures). 217 fr.
Dépenses pour enfants (placements en orphelinats, etc.). . . 2.083 fr.
Vestiaire. 49 fr.

Budget. — En 1895, notre budget a été de :

Subvention de l'État. . . . . 300 fr.
Subvention du Conseil général . . . . 300 fr.
Subvention de la ville . . . . 300 fr.
Souscripteurs . . . . 1.000 fr.
Collecte du Jury . . . . 117 fr.
Contribution des parents d'enfants placés . . . . . 740 fr.
Intérêts de notre capital placé . . . . 80 fr.
Bénéfice de notre concert spirituel annuel . . . . . 1.200 fr.

Le total de nos recettes a été de 5.600 francs.

Le total de nos dépenses a été de 5.070 francs, dont 1.044 pour frais d'administration.

B. — Résultats.

Les résultats de l'Œuvre, eu égard à ses faibles ressources, sont assez importants.

Depuis sa fondation, elle s'est occupée d'environ 1.300 libérés ; et 720 enfants ont été par ses soins placés dans divers asiles, établissements agricoles ou industriels, mis en apprentissage ou engagés dans les armées de terre et de mer.

La Société a actuellement à sa charge 27 enfants, savoir :

Six jeunes filles de quatorze à seize ans placées à la maison Grault, à Vitry-sur-Seine ;

Trois jeunes filles de neuf à treize ans, placées à la maison Farcy-Oppenheim, à Clermont ;

Une jeune fille de neuf ans et demi placée à Conflant-Sainte-Honorine ;

Une jeune fille de neuf ans et demi placée à Chartres ;

Une jeune fille de treize ans et demi rendue ces jours-ci à sa mère ;

Six garçons de neuf à quatorze ans placés à l'Orphelinat agricole de Giel ;

Trois garçons de treize ans et demi à quinze ans placés en apprentissage à Versailles ;

Six garçons de douze à quinze ans en différents endroits.

C. — Difficultés et solutions.

Difficultés. — Nos relations avec la magistrature, l'Administration préfectorale ou pénitentiaire, la Municipalité, sont excellentes. Nous n'avons jamais rencontré de difficultés que dans l'indifférence du public et dans la pénurie de nos recettes.

Solutions. — Nous allons nous efforcer de remédier à la première par une plus active propagande auprès de toutes les personnes charitables, par une plus grande publicité donnée à nos résultats. En attirant dans notre Œuvre, soit comme visiteurs, soit comme simples adhérents, un plus grand nombre de personnes, nous contribuerons à répandre dans la masse la notion de l'utilité sociale du patronage. Nous attirerons, en outre, à notre Assemblée générale annuelle un plus grand nombre d'assistants, et nous en publierons le compte rendu par une brochure que nous distribuerons largement. Nous ferons également un pressant appel à la presse locale de toutes nuances.

Vœux. — Nous désirerions vivement voir le régime de la séparation individuelle appliqué à tous les détenus dans les deux prisons. Nous avons trop souvent à constater les funestes influences de la promiscuité, soit parmi les femmes ou parmi les condamnés de la maison d'arrêt et de correction, soit même parmi les prévenus ou accusés de la prison de la rue Saint-Pierre.

Nous pensons sérieusement à organiser un atelier d'assistance par le travail pour ceux de nos libérés qui sortent de prison sans emploi.

Nous désirons organiser, de concert avec la Municipalité, une surveillance active sur les enfants moralement abandonnés, mendiants et vagabonds, errants dans les rues de Versailles, aux abords des gares et des monuments. Nous pourrions assurer, moyennant une subvention supplémentaire de la ville, le placement de nombre d'entre eux dans des asiles ou des orphelinats.

Enfin, nous nous efforcerons de développer le plus possible l'idée du patronage dans les arrondissements du département où elle n'a pas encore trouvé sa réalisation, comme à Rambouillet, à Étampes et à Corbeil. Dans ces villes, d'ailleurs, il pourrait suffire de susciter la création d'un petit comité ou même d'avoir un simple correspondant.

Le Président,
DEVAUX.

NANCY

Société de Patronage des condamnés libérés de Nancy.

Réponse de M. le Président GERMAIN

La *Société de patronage des condamnés libérés* de Nancy, fondée en 1876, a reçu une existence légale par l'approbation de ses statuts par arrêté préfectoral en date du 17 janvier 1877.

But. — L'action de la Société s'étendait aux deux départements de

Meurthe-et-Moselle et des Vosges, formant alors la 11e circonscription pénitentiaire. Par sa délibération du 10 août 1880, l'Assemblée générale de la Société décida que son action s'étendrait au ressort de la Cour d'appel de Nancy comprenant les quatre départements de Meurthe-et-Moselle, des Vosges, de la Meuse et des Ardennes, et ses nouveaux statuts furent approuvés par arrêté préfectoral du 16 août 1881.

Aussitôt le Conseil d'administration et le Président de la Société s'occupèrent de l'organisation des Comités d'arrondissement dans les quatre départements. Je constate avec regret que ces efforts, continués pendant plusieurs années, restèrent infructueux. Plusieurs Comités d'arrondissement ayant objecté qu'ils se trouveraient sous la dépendance de la Société centrale et n'auraient pas leur pleine liberté d'action, le Conseil d'administration, dans sa séance du 24 février 1882, répondit à ces objections en déclarant « que la Société centrale de Nancy n'entend faire aucun acte d'ingérence dans l'organisation de l'administration des Comités auxiliaires; que, bien au contraire, elle entend laisser à ces Comités leur autonomie, la libre disposition de leurs ressources ; bien plus, elle se propose de leur en offrir pour le cas où elles manqueraient d'argent. » Des lettres circulaires et instructions dans ce sens ont été adressées à tous les Comités des chefs-lieux d'arrondissement. Cinq Comités seulement ont adressé à la Société centrale des demandes de subvention, auxquelles il a été fait droit. Mais, après quelques timides essais d'organisation, les Comités d'arrondissement ont cessé de fonctionner, et, depuis 1888, l'action de notre Société est restreinte à l'arrondissement de Nancy.

CONDITIONS DU FONCTIONNEMENT. — Au début, les libérés, se méprenant sur le but de la Société, ne voyaient en elle qu'une société de secours à laquelle il suffisait d'adresser une demande pour obtenir de l'argent ; aussi les demandes affluèrent-elles. Mais la Société ayant tenu la main à l'exécution de ses statuts, et notamment à l'article 3, qui prescrit le versement du pécule dans la caisse de la Société au profit du libéré, les demandes devinrent plus rares. En effet, l'expérience a prouvé que la grande majorité des condamnés destine d'avance son pécule à mener joyeuse vie au moment de la libération pour se dédommager des privations de la détention ; le patronage ne pouvait qu'être refusé à cette catégorie de libérés.

Le patronage n'est accordé qu'aux libérés qui, par leurs antécédents et leur repentir, peuvent donner à la Société l'espoir d'un retour au bien ; c'est dans ce but que la Société, dans sa délibération du 26 juin 1878, a décidé que tout libéré se trouvant en état de récidive légale, ou ayant subi plus de deux condamnations, ne pourrait être admis au patronage à moins de circonstances exceptionnelles ou de recommandation spéciale du Directeur des prisons.

En principe, le patronage peut être sollicité tant par les hommes que par les femmes ; mais il est excessivement rare que les femmes y aient secours, si ce n'est pour être rapatriées à leur lieu d'origine.

Nos statuts n'ont pas prévu le patronage des enfants arrêtés ou moralement abandonnés ; toutefois ce patronage spécial a été pratiqué par nous jusqu'au jour où il s'est fondé, à Nancy, une Société (*Patronage de l'enfance et de l'adolescence*) qui s'occupe exclusivement de cette catégorie d'enfants.

PLACEMENTS. — Dans la pratique, le patronage s'exerce sous plusieurs formes différentes, savoir :

Le placement ;

La délivrance de vêtements et chaussures ;

L'hospitalisation de trois à quinze jours ;

Le rapatriement ;

L'assistance pour faciliter l'engagement militaire, ou l'envoi dans la légion étrangère :

La réhabilitation des libérés.

Le placement du libéré par les soins de la Société n'est pratiquement possible que pour les libérés ouvriers agricoles qui sont recherchés par la culture au printemps, et surtout à l'époque des moissons et des vendanges. Il réussit encore pour les grandes entreprises de travaux publics ou industriels dont Nancy est le centre ; mais à Nancy même les patrons et chefs d'ateliers répugnent à accepter les libérés présentés par la Société. Aussi disons-nous au libéré : « Cherchez à vous placer sans notre intermédiaire, et, pendant le temps nécessaire pour trouver un emploi, nous vous logerons et nous vous donnerons la pension. » Ce procédé nous a presque toujours réussi.

La Société, n'ayant pu jusqu'à ce jour réaliser son désir d'avoir un refuge, a traité avec un logeur qui, moyennant 1 fr. 50 par jour, loge et nourrit les libérés et nous seconde utilement pour les placer.

Le rapatriement des libérés nous est facilité par la Compagnie des chemins de fer de l'Est qui nous accorde la faveur de billets à prix réduits.

Chaque année un certain nombre de détenus sont mis en liberté par ordonnances de non-lieu, ou jugements et arrêts d'acquittement. L'assistance de notre Société est toute indiquée pour ces malheureux qui souvent sont jetés sans ressources sur le pavé et que nous sommes heureux de rapatrier.

La Société intervient pour faciliter l'engagement militaire des libérés de dix-huit à vingt ans et leur procurer les pièces nécessaires ; elle provoque et facilite aussi l'engagement dans la Légion étrangère, des jeunes Alsaciens-Lorrains exposés à être expulsés du territoire français au moment de leur libération.

La Société s'occupe activement de la réhabilitation des libérés en leur procurant les moyens de remplir les conditions prescrites par la loi.

Le Président :

GERMAIN.

ORLÉANS
Œuvre des prisonnières libérées d'Orléans.

Réponse de Mme Henri DAUDIER

A. — Définition et fonctionnement de l'Œuvre.

BUT. — L'*Œuvre des prisonnières libérées* d'Orléans, qui s'occupe du patronage et de la réhabilitation des femmes et des jeunes filles condamnées ou prévenues, cherche aussi à préserver les enfants et les femmes auprès desquelles sa mission protectrice semble pouvoir efficacement s'exercer.

Aussi n'est-ce pas seulement à la prison que se fait le recrutement de ses patronnées, mais encore à l'Hôtel-Dieu, à la maternité, ou bien sur le signalement de l'autorité judiciaire et de la police, comme sur des indications privées.

VISITES. — Jusqu'ici les visites aux détenues se sont faites au parloir, l'organisation de la prison cellulaire d'Orléans n'étant pas encore tout à fait terminée.

Les dames visiteuses sont nommées par le Préfet, sur la proposition de la Présidente. Les règlements en autorisent six. Ce nombre, rarement atteint, devrait peut-être être augmenté, s'il se trouvait insuffisant par suite de l'installation de la cellule.

PÉCULE. — L'Œuvre, sans faire à sa patronnée une condition expresse de la remise du pécule à sa sortie, l'y exhorte vivement et parvient presque toujours à la convaincre. Cette mesure, éminemment utile et recommandable, présente deux avantages : 1° celui de prolonger forcément les rapports entre la libérée et la patronnesse, dépositaire de son argent ; 2° celui de soustraire la libérée aux sollicitations d'anciennes co-détenues, qui la guettent, à sa sortie de prison, pour lui faire dépenser, en quelques heures, dans leur compagnie, le pécule amassé en détention, qui devient souvent ainsi une cause de récidive.

MENDICITÉ DES ENFANTS. — Pour prévenir ou réprimer le vagabondage et la mendicité des petites filles, l'Œuvre encourage les parents à les envoyer à l'école et leur en facilite l'admission. Quand le milieu est mauvais, immoral, ou que les enfants sont abandonnées, l'Œuvre s'entend avec l'Assistance publique, soit pour provoquer, s'il y a lieu, la déchéance paternelle, soit en proposant (ce qui est généralement accepté) le placement de l'enfant à ses frais et sous sa surveillance.

B. — Résultats.

L'Œuvre ne patronne en moyenne, dans le courant de l'année, que 30 à 40 femmes et jeunes filles, plus une dizaine d'enfants. Mais, pour s'occuper des nouvelles recrues, l'Œuvre, ne cessant de suivre les anciennes protégées qui continuent à solliciter et à mériter sa protection, reste en rapports avec un nombre de femmes toujours croissant et qui a dépassé deux cents, sans compter les enfants. La réhabilitation, dont l'Œuvre a eu à s'occuper avec succès dans plusieurs cas, est un des nombreux avantages de cette prolongation de patronage, sur laquelle j'insiste particulièrement, parce qu'elle est la source de nos résultats les plus nombreux et les plus satisfaisants.

C. — Difficultés et solutions.

Une des principales difficultés que notre Œuvre rencontre dans son fonctionnement, c'est le placement temporaire de ses patronnées, à leur sortie de prison, de l'Hôtel-Dieu et de la maternité.

Il y a, en effet, écueil également sérieuse, soit à les introduire dans l'intérieur des familles honnêtes et morales, soit à les exposer aux dangers que présente tout séjour dans un garni ou dans une auberge.

La création d'un asile, offrant à l'Œuvre toute sécurité pour le placement provisoire (et, dans certains cas, permanent) de ses protégées, est une solution vers laquelle l'Œuvre des libérées d'Orléans dirige ses aspirations.

La Présidente,
G. DAUDIER.

BESANÇON

Société de patronage des détenus de la prison cellulaire de Besançon.

Réponse de M. le Conseiller HELME

Cette œuvre a été fondée au mois de décembre 1893, sur l'initiative des magistrats de la Cour d'appel, avec l'appui des autorités civile et religieuse et la coopération de toutes les personnes charitables de la ville, sans distinction de culte et d'opinion.

BUT. — Comme son nom l'indique, elle a pour objet le patronage de tous les détenus de la prison de Besançon, quels que soient leur condition (prévenus ou condamnés), leur âge et leur sexe. Toutefois les prévenus ne sont visités qu'exceptionnellement, et toujours, bien entendu, avec l'autorisation du parquet, qui souvent nous avertit lui-même de l'opportunité de notre action. Quant aux filles et femmes, nous venons de nous adjoindre, à leur intention, un comité de dames, dont le concours nous est des plus précieux. Est-il nécessaire d'ajouter que les enfants et, d'une manière plus générale, les mineurs et mineures de vingt et un ans gardent le premier rang dans notre sollicitude? L'un de nous s'occupe exclusivement des engagements militaires; l'autre, de nos rapports assez fréquents avec l'inspection des enfants assistés et la police, etc., etc. Nous signalons, en passant, cette distribution des services comme une excellente méthode, à tous les points de vue.

VISITES ET PLACEMENTS. — C'est par des commissaires, hommes et dames, que le patronage est exercé. Notre règlement limitait la durée de leur pouvoir et stipulait qu'au commencement de chaque trimestre le Président en désignerait des nouveaux; mais l'expérience nous a appris qu'il valait mieux maintenir indéfiniment ceux que leurs loisirs ou leur dévouement rendaient plus aptes à la pratique d'une œuvre aussi délicate. Une fois au moins par semaine, souvent plusieurs fois, un ou deux ensemble d'entre nous montent à la prison, située sur une hauteur, dans la banlieue de la ville. Construite récemment, d'après les meilleures règles de l'emprisonnement individuel, elle ne compte pas moins de 260 cellules, que nous avons vues, en 1894, intégralement occupées : c'est dire que notre patronage n'est pas une sinécure. Chaque mois, le gardien-chef nous remet la liste de toutes les sorties du mois suivant.

De son côté, le Directeur de la circonscription nous fait connaître, au fur et à mesure de ses tournées réglementaires, les situations intéressantes qu'il a pu remarquer. Enfin, comme chaque cellule renferme une pancarte offrant notre assistance, quelques détenus prennent l'initiative de nous solliciter. Mais nous voyons sans distinction les uns et les autres

Nos visites se font en cellule. Il nous arrive aussi assez souvent de mander nos patronnés, l'un après l'autre, dans la salle du rond-point. Notre premier soin est de leur inspirer confiance en leur témoignant de la commisération. Puis on s'efforce de faire naître chez eux le désir, *la volonté du relèvement.* Œuvre difficile! La plupart sont indifférents à la loi morale, à la loi religieuse, au sentiment de l'honneur. « Eh bien! leur dis-je, considérez donc uniquement votre intérêt matériel, et voyez si le sort de vos camarades d'enfance qui se sont bien conduits n'est pas mille fois préférable au vôtre... »

Développé avec un peu de chaleur et appuyé des circonstances particulières que peut fournir l'histoire du détenu, ce thème manque rarement de produire le meilleur effet. Car l'objet essentiel du patronage, — on l'oublie trop, — ce n'est pas de procurer du travail ou un emploi quelconque au libéré, c'est de lui inculquer le goût de la vie régulière. Si la volonté du relèvement lui fait défaut, aucun secours ne le préservera d'une nouvelle chute. S'il est, au contraire, résolu à vivre désormais honnêtement, il suffira, pour assurer son salut, de l'aider un peu ou même de le diriger dans la recherche de la position qui assurera sa subsistance et secondera le mieux le maintien de sa résolution. Et cette recherche, on doit, autant que possible, la laisser d'abord à son initiative. « Voyons, lui disons-nous; que comptez-vous faire à votre sortie de prison? Auriez-vous quelque projet, quelque idée à nous soumettre? » Au besoin, nous l'invitons à réfléchir, et il arrive assez souvent qu'il trouve lui-même une solution très pratique, très heureuse, du problème de son avenir. Dans le cas contraire, nous lui indiquons et lui imposons la voie qui nous paraît la meilleure, après avoir étudié attentivement toutes les indications que peuvent fournir son âge, ses antécédents, ses aptitudes, ses ressources de parenté ou de relations, etc., etc.

Voilà comment nous avons procédé, chaque année, vis-à-vis des cent et quelques détenus dont nous avons eu à nous occuper, faisant contracter aux uns un engagement militaire, réconciliant les autres avec leur famille, rapatriant ceux-ci, transportant ceux-là dans un milieu plus favorable, procurant à plusieurs, directement ou indirectement, du travail ou un emploi, appuyant les demandes de libération conditionnelle ou de grâce qui nous semblaient dignes d'intérêt... je ne parle pas des fournitures de vêtements et d'outils. Le plus grand nombre de nos patronnés se sont ainsi relevés d'une manière que l'on peut considérer comme définitive; d'autres sont demeurés douteux, incertains; quelques-uns ont succombé de nouveau.

En somme, les résultats ont récompensé suffisamment nos peines. Nous avons même eu la consolation de voir des jeunes filles plusieurs fois récidivistes et enfin reléguées, mises en liberté sur notre demande, se conduire jusqu'à ce jour d'une manière irréprochable. L'une d'elles vient de se marier avec un très honnête ouvrier horloger, que nous avions prévenu de ses antécédents, comme il convenait en pareil cas. Car nous n'avons pas à cet égard de règle absolue, et nous ne parlons que lorsque la prudence ou la loyauté nous le commandent.

PÉCULE. — Il n'est pas encore dans notre pratique d'exiger la remise du pécule. Sans contester l'utilité de cette mesure, elle est très délicate à appliquer et peut mettre en péril une œuvre naissante. Nous attendons d'être mieux connus et plus forts. Toutefois il nous est arrivé, une ou deux fois, d'accepter de petits dépôts spontanément offerts. Mais, en général, nous nous bornons à des conseils et à des recommandations, plus ou moins suivis.

ASILES. — Notre Société ne dispose d'aucun asile temporaire. Nous faisons tous nos efforts pour assurer d'avance le sort de chacun de nos patronnés. En cas d'accident imprévu au moment de la sortie, nous avons, à des conditions assez douces, la ressource d'une petite auberge, et aussi celle de l'Hospitalité de nuit, fondation municipale. Quant à des asiles permanents, deux maisons religieuses de la région nous fournissent généreusement leur assistance pour les filles et femmes qui consentent à se soumettre, au moins pendant quelque temps, à la vie claustrale.

Plusieurs jeunes filles ont été ainsi sauvées. Pour les hommes, l'établissement de Saint-Léonard, à Couzon (Rhône), nous a rendu de très grands services.

ACTION MORALE. — Nous avons songé à organiser des conférences au profit de tous les détenus de notre prison. Ceci se trouve encore à l'état de projet, mais il est inexact de dire que le régime cellulaire s'oppose à son exécution. Nous ne comprenons pas non plus comment on a pu avancer qu'en dehors de l'emprisonnement en commun, les conférences n'étaient pas « désirables ». Reste la question d'efficacité, qui se pose d'ailleurs à l'égard des deux régimes. Mon expérience personnelle me porte à la résoudre affirmativement.

Nous avons appuyé et fait réussir un certain nombre de suppliques qui nous paraissaient justifiées ou dignes d'intérêt, notamment diverses demandes de libération conditionnelle. Outre que cette dernière faveur s'obtient plus facilement que la grâce, elle procure aux Sociétés de patronage le bénéfice de l'article 8 de la loi du 14 août 1885 : ne point l'oublier. Une mesure, d'un tout autre ordre, par sa nature et son importance, que nous avons poursuivie avec beaucoup de zèle et que l'on a enfin concédée à nos pressantes sollicitations, a été la suppression du *quartier correctionnel* installé dans la prison de Besançon en 1893. Nous souffrions beaucoup de cet état de choses, dont l'ensemble ne convenait ni à la santé ni à l'éducation des enfants qui y étaient soumis, et nous avons été très heureux de le voir disparaître. A propos d'enfants, j'oubliais de dire que deux d'entre nous sont chargés de veiller sur les apprentis, que l'École de réforme de Frasnes-le-Château envoie à l'*École de Saint-Joseph*, sise dans la banlieue de notre ville. Cette œuvre, admirablement conduite par les sœurs de Ribeauvillé (Alsace), nous donne de grandes satisfactions.

SECOURS EN NATURE. — Nous avons, dans l'intérieur de la prison, un entrepôt de vêtements, achetés ou préparés d'avance, tant pour les femmes que pour les hommes. Nous y possédons encore une petite caisse, destinée aux dépenses courantes, que le gardien-chef nous tient avec beaucoup de soin. Aussi songeons-nous à lui remettre également la rédaction des deux registres où sont inscrits, avec les mentions utiles, les noms de tous nos patronnés. Chaque visiteur aurait un carnet à souches, dont il détacherait, au moment de sa sortie, la feuille à relever. Bien entendu, nous rémunérerions son travail par une juste gratification. Déjà nous en accordons une annuellement au personnel des gardiens, ainsi mieux disposés à nous prêter un concours sincère. Disons enfin que, pour le rapatriement de nos patronnés, la Préfecture a bien voulu, du consentement de la Compagnie P.-L.-M., mettre à notre service son droit de réquisition à demi-tarif. Notre caisse lui rembourse ensuite la dépense avancée par elle. Cette combinaison, des plus simples,

nous permet d'obtenir sur l'heure le permis dont nous avons besoin.
Tels sont, dans leur ensemble, nos procédés et nos résultats.

DIFFICULTÉS ET INDICATIONS GÉNÉRALES. — Grâce à Dieu, nous n'avons
pas eu à vaincre de difficultés très graves. Dans un milieu aussi difficile
à remuer qu'aucun autre, notre entreprise, expliquée soigneusement par
diverses communications à la presse locale, a pu réunir dès le principe
200 à 300 adhérents. D'autre part, plusieurs industriels de la ville
ou de la région se sont montrés très empressés d'accueillir les demandes de travail ou d'emploi que nous leur avons faites. Mais, avant
tout, je dois rendre témoignage à l'appui très actif que M. le Préfet,
M. le Procureur Général, M. le Maire de la ville n'ont cessé de nous
donner. Nous n'avons eu aussi qu'à nous louer de l'obligeance des Sociétés voisines de la nôtre, et notamment de celle de Neuchâtel (Suisse).
Quant à nos rapports avec l'Administration de la prison, ils sont aujourd'hui des meilleurs, et, tout en observant avec le plus grand soin
les règlements pénitentiaires, nous continuons à maintenir intact le libre
et complet exercice de notre charge, déjà en elle-même si laborieuse, et
parfois si répugnante ou si ingrate. Car, hélas ! on ne réussit point toujours à corriger les mauvaises natures ou à fortifier les infirmes. Et c'est
là qu'est le véritable péril des Sociétés de patronage, dont les membres
les plus convaincus, les plus dévoués, peuvent, un jour ou l'autre, s'arrêter, hésitants et interdits, devant quelque échec inexplicable ! Mais
quelle est l'œuvre humaine où l'on ne compte que des succès ! Quelle
matière se travaille et se transforme sans laisser des scories ! Conservons
donc, Dieu aidant, notre courage et notre confiance.

E. HELME.

_____

GRENOBLE

*Société Dauphinoise de patronage des libérés et de sauvetage de
l'enfance.*

Réponse de M. PORTE

A. — Définition et fonctionnement.

La *Société Dauphinoise de patronage des libérés et de sauvetage de l'enfance* a été fondée à Grenoble à la fin de l'année 1894. Ses statuts ont été
approuvés le 24 décembre 1894.

COMITÉS ADJOINTS. — Les statuts prévoyaient l'organisation de Comités
locaux dans chacune des villes du département de l'Isère où siège un tribunal de première instance. Deux de ces Comités fonctionnent actuellement à Bourgoin et à Saint-Marcellin. Celui de Vienne est en voie de
formation.

La Société compte 35'' membres dans le département, y compris ceux des Comités locaux.

BUT. — Le Comité s'occupe du patronage de tous les libérés (hommes, femmes, enfants — condamnés ou détenus libérés) et du sauvetage des enfants moralement abandonnés.

Ce patronage s'exerce sur ces diverses catégories indistinctement et dans des conditions uniformes.

VISITES. — Neuf visiteurs choisis parmi les membres de la Société et agréés par la Préfecture et l'Administration pénitentiaire sont chargés de visiter la prison de temps à autre. Ils se font présenter par le gardien chef les détenus que celui-ci leur signale comme dignes d'intérêt et ceux qui ont réclamé directement le patronage de la Société.

Les visites ont lieu au parloir, la prison n'étant pas cellulaire.

Ces visites ne donnent pas de grands résultats, à cause de l'emprisonnement en commun : le bienfait qui pourrait en résulter est détruit presque aussitôt par la mauvaise influence des codétenus, surtout si l'on sait que la prison de Grenoble en particulièrement peuplée de récidivistes.

FONCTIONNEMENT. — Quand un libéré, signalé par le gardien chef comme digne d'intérêt ou réclamant lui-même le patronage, va sortir de prison, la Société, après enquête, décide s'il y a lieu de lui accorder ou non son patronage.

Le patronage accordé : 1° la Société fournit au libéré les vêtements nécessaires à sa sortie de prison. A cet effet, un vestiaire a été installé à la prison par la Société. Il est alimenté par les dons des membres de la Société au domicile desquels un commissionnaire se présente à chaque changement de saison pour recueillir les vêtements qu'on veut bien lui donner. Ce vestiaire rend les plus grands services.

2° La Société donne au libéré un bon de logement. Nous avons traité avec un logeur qui reçoit les libérés porteurs de nos bons, moyennant 0 fr. 40 par nuit. Ces bons sont renouvelés jusqu'à ce que le libéré ait pu se placer. Exceptionnellement, ils sont continués pendant les premiers jours de travail.

3° Il existe à Grenoble, depuis de longues années, une institution particulière qui rend de très grands services aux classes nécessiteuses : c'est l'*Association alimentaire*. Des aliments bien préparés y sont à la disposition du public contre des jetons de 0 fr. 10 ou de 0 fr. 20, suivant le cas (pain, soupe, légumes, viande). Les aliments fournis peuvent être consommés sur place ou emportés à domicile. La Société profite de cette organisation qui fonctionne très bien. Elle achète d'avance des jetons à cette Association et les remet à ses libérés de façon à leur assurer leur nourriture. Quatre jetons à 0 fr. 10 suffisent pour un repas. Jusqu'ici la Société n'a pas délivré de jetons de viande. C'est donc 0 fr. 80 environ que coûte par jour à la Société la nourriture de ses libérés. En y ajoutant le prix de la chambre, soit 0 fr. 40, la dépense afférente à une journée de patronné est donc de 1 fr. 20 environ.

PLACEMENTS. — Le libéré ayant ainsi la nourriture et le gîte, la Société s'occupe de son placement.

En général, elle laisse à chaque libéré le soin de faire les démarches nécessaires pour se procurer du travail, se bornant à lui indiquer les personnes chez lesquelles il pourra se présenter avec quelques chances de succès.

Plusieurs entrepreneurs de travaux et certains manufacturiers de la région, notamment à Bourgoin, ont accepté avec une grande bienveillance d'employer les patronnés.

C'est donc surtout comme terrassiers ou manœuvres que les libérés trouvent à se placer ici. Mais il est très difficile de placer ceux appartenant à une classe plus élevée.

S'il y a lieu, les membres du Conseil interviennent plus directement pour assurer du travail aux patronnés les plus intéressants.

La Société n'a pas encore eu à s'occuper effectivement du patronage des femmes libérées. Les femmes sont, d'ailleurs, peu nombreuses à la prison de Grenoble.

En ce qui concerne les enfants, la Société a eu recours aux bons offices du Service départemental des enfants assistés. Grâce au dévouement des chefs de ce service, la Société a réussi à placer plusieurs enfants à la campagne dans d'excellentes conditions. Visités par les inspecteurs des enfants assistés, lors de leurs tournées, les enfants ont paru en bonne voie.

ENGAGEMENT DANS L'ARMÉE. — La Société n'a eu à s'occuper que d'un libéré dans ces conditions.

RAPATRIEMENTS. — La Société s'occupe de rapatrier les libérés. Elle considère que c'est là un des meilleurs modes de patronage. Quand un libéré se trouve dans les conditions requises, la Société fait des démarches auprès de la famille et, si elles aboutissent, rapatrie le libéré. Elle a recours pour cela à l'intermédiaire de la préfecture ou de la mairie qui délivrent des billets gratuits jusqu'aux limites du département et à prix réduit pour le reste du parcours.

ASILE. — La Société n'a pas d'asile temporaire ou permanent.

RELATIONS AVEC D'AUTRES ŒUVRES. — La Société, nouvellement fondée, n'a pu encore se mettre en relations régulières avec d'autres Œuvres.

Toutefois, elle a eu déjà l'occasion de recourir à d'autres Sociétés de patronage en vue du rapatriement de certains libérés.

BUDGET. — Pour la première année, nos recettes ont été de   2.418 fr. 00

Nos dépenses de. . . .   1.208 fr. 52

Soit un excédent de recettes de. . . .   1.209 fr. 48

Parmi nos recettes, nous sommes heureux de signaler une subvention de 150 francs de la ville de Grenoble et le produit de collectes faites par les Présidents d'assises s'élevant à 152 fr. 15.

La ville de Bourgoin a également voté une subvention de 100 fr. au comité local.

Pour le comité local de Bourgoin, les recettes ont été de   1.157 fr. 15

Et les dépenses de. . .   204 fr. »

Soit un excédent de recettes de . . . .   953 fr. 15

Enfin par le comité local de Saint-Marcellin, plus récemment fondé, les recettes ont été de 153 fr. 35.

Pécule. — Les statuts permettent à la Société d'exiger ou de conseiller la remise du pécule ou d'en accepter le dépôt volontaire.

Mais, en fait, cet article des statuts n'a pas eu d'application jusqu'ici. Cela s'explique si l'on remarque que la prison de Grenoble est une prison départementale et que, d'autre part, notre patronage est plus spécialement accordé à des condamnés primaires généralement frappés de peines de courte durée.

Mendicité des enfants. — Jusqu'ici nous n'avons pas eu à nous occuper de ce côté de notre œuvre, mais la question est à l'étude.

Il n'existe pas à Grenoble d'œuvre spéciale sur ce point.

B. — Résultats.

La Société ne fonctionnant que depuis un an, ses résultats sont encore modestes.

Au cours de cette première année, nous avons eu à nous occuper de 26 sujets. 19 demandes ont été accueillies.

Le comité local de Bourgoin a patronné 16 libérés et 2 enfants ; celui de Saint-Marcellin, plus récent, n'a eu à s'occuper que de deux libérés.

En résumé, la Société a patronné dans le département, 31 libérés et 8 enfants coupables ou abandonnés.

C. — Difficultés et solutions.

La Société est bien vue dans notre ville : mais nous avons à Grenoble un si grand nombre d'Œuvres charitables qu'il est difficile de recruter, dès le début, beaucoup d'adhérents.

Nous avons rencontré chez les libérés, dans le commencement, une certaine facilité à recourir à notre patronage ; les libérés ont cru que nous nous étions fondés pour leur donner des secours en argent à leur sortie de prison.

Depuis qu'ils ont compris que notre patronage n'était accordé qu'à ceux qui voulaient travailler, le nombre des demandes a un peu diminué.

Une année d'expérience nous a convaincu qu'il n'y avait pas grand'-chose à faire avec les individus ayant subi plusieurs condamnations; que le patronage était, au contraire, très efficace et utile pour les condamnés primaires, et surtout pour les enfants.

La Société se propose de se consacrer de plus en plus au sauvetage de l'enfance. Si nos ressources nous le permettent, nous essayerons, avec le concours du Service départemental des enfants assistés, de créer une *Ecole de réforme* pour les enfants moralement abandonnés.

Le Secrétaire général,
ARMAND PORTE.

ANGERS

Société de patronage des prisonniers libérés du ressort de la Cour.

Réponse de M. le Procureur général CAZENAVETTE

A. — Définition et fonctionnement.

BUT. — La Société, dont les statuts ont été approuvés par arrêté préfectoral du 13 mars 1894, se propose, dans un but de préservation, d'amendement et de réhabilitation, de venir en aide :

1º Aux enfants dont les parents auront été privés des droits de la puissance paternelle ;

2º Aux libérés de toute catégorie, soit par ordre du Parquet, soit en vertu d'ordonnance de non-lieu, de jugement ou arrêt d'acquittement, soit par application de la loi suspensive de la peine, soit par suite de la libération conditionnelle, d'une grâce ou de l'expiration du terme légal de leur condamnation.

VISITES. — Tous les mois, un membre du Comité visite à la prison, dans les cellules de laquelle sont affichés les statuts de la Société, les condamnés libérables le mois suivant et qui ont exprimé le désir d'être assistés.

FONCTIONNEMENT. — La Société s'occupe également des condamnés subissant leur peine dans les prisons des arrondissements du ressort de la Cour, non comprises dans la sphère d'action des Sociétés similaires récemment constituées à Laval et au Mans.

Elle est administrée par un Comité de 20 membres élus par l'Assemblée générale.

Dans ses réunions mensuelles et sur les conclusions de son rapporteur, le Comité détermine les conditions de son assistance en s'inspirant des circonstances particulières apprises sur la situation de famille, l'âge, les antécédents, la force physique, les aptitudes de chaque condamné, et enfin le pécule qu'il doit recevoir à sa libération.

B. — Résultats.

En 1895, le Comité n'a pas eu à s'occuper d'enfants.

21 condamnés ont été rapatriés dans leur famille; 42 ont été placés en ville ou employés à des travaux de terrassement de chemins de fer; 18 ont reçu des vêtements; 15, des outils; 38, des secours pécuniaires, et 79, des bons de nourriture et de couchage; 17 ont enfin, par les soins de la Société, contracté un engagement dans l'armée. Le Comité est tenu au courant de la conduite de ces derniers; il correspond avec eux par un de ses membres qui est ancien officier et leur envoie tous les trois mois, s'ils en sont dignes, une somme de 3 francs que la plupart des engagés s'efforcent de mériter par leur conduite.

Ce sont les engagements militaires qui donnent à la Société les résultats les plus satisfaisants.

Le 1er janvier 1895, la Société avait en caisse 1.324 francs. Elle a reçu, notamment du Ministère de l'Intérieur et du Conseil général de Maine-et-Loire, des subventions de 500 francs et de 300 francs; les cotisations recouvrées se sont élevées à 1.534 francs, et le total des recettes a été de 3.789 francs. Les dépenses ont monté à 2.450 fr. 70, d'où un excédent d'actif de 1.340 francs.

C. — Difficultés et solutions.

La Société rencontrerait de réelles difficultés dans le placement de ses protégés, si elle ne pouvait compter sur le très précieux concours de l'ingénieur chargé de diriger, dans le département, la construction de plusieurs chemins de fer d'intérêt local; aussi doit-elle s'appliquer à vulgariser le plus possible le caractère moralisateur et l'utilité sociale de son action pour intéresser à son œuvre tous ceux dont le concours peut faciliter son fonctionnement.

Le Président,
H. CAZENAVETTE.

____

TROYES

Société de patronage des condamnés libérés de l'Aube.

Réponse de M. Félix ANCEL

A. — Définition et fonctionnement.

BUT. — La *Société de patronage des condamnés libérés de l'Aube* s'occupe séparément et indistinctement des hommes, des femmes et des enfants.

Elle ne patronne que les détenus signalés comme dignes d'intérêt.

VISITES. — Nos visites ne peuvent se faire qu'au parloir, la prison de Troyes n'étant pas cellulaire. Les visiteurs sont désignés par la Préfecture et un roulement est établi entre eux. Chacun a une carte d'entrée délivrée par la Préfecture et applicable à la période qui lui incombe.

PLACEMENT. — Les modes de patronage auxquels nous avons eu recours jusqu'à présent sont les suivants : recherche d'emplois, engagements dans l'armée, rapatriements, hospitalisation temporaire, appui moral, références, conseils — pour les adultes ; — envoi dans des établissements de préservation et d'éducation — pour les enfants. Pour l'un d'eux, une fille de treize ans, le Tribunal de Troyes, après avoir prononcé contre le père la déchéance de la puissance paternelle, en a confié la tutelle à notre Société.

BUDGET. — Nous avons pu jusqu'alors nous suffire avec nos seules ressources, mais nous espérons obtenir prochainement des subventions de la ville, du département et de l'État : elles nous deviennent indispensables.

PÉCULE. — Nous recommandons, comme un gage de bonne volonté, la remise du pécule entre les mains de la Société. Les affiches, annonçant le patronage, et apposées dans les prisons du département, à l'exception de Clairvaux, insistent vivement sur cette condition favorable à l'admission au patronage. Mais jusqu'alors cette recommandation n'a produit aucun résultat. Il est vrai que, à raison de leur court séjour à la prison, le pécule des patronnés est généralement insignifiant.

MENDICITÉ DES ENFANTS. — Nous nous occupons tout spécialement des enfants poursuivis ou en danger de l'être ; en relations quotidiennes avec le Parquet de Troyes qui nous signale ceux qui, par leurs méfaits ou ceux de leurs auteurs, ont nécessité l'intervention de la police, nous cherchons, de concert avec les magistrats, le moyen de prévenir la mendicité, le vagabondage et la prostitution.

Nous rencontrons parfois une certaine résistance chez les parents, qui refusent de nous confier leurs enfants, quand ceux-ci, par la mendicité ou la prostitution, sont, pour la famille, une source de gain. Il faut alors recourir, quand c'est possible, à la déchéance de la puissance paternelle, ce qui exige une procédure longue et délicate.

B. — Résultats.

Depuis six mois et demi que nous fonctionnons effectivement, nous avons admis vingt-deux personnes au patronage. A l'exception de deux, dont nous avons reconnu l'impossibilité de nous occuper, tous les patronnés ont été placés, pourvus d'emplois, rapatriés admis dans un hospice d'aliénés ou engagés volontaire. Trois enfants ont été envoyés dans des établissements spéciaux d'éducation offrant toutes garanties, notamment à la *Société Lyonnaise pour le sauvetage de l'enfance* (prix moyen : 150 francs, pendant trois ans).

C. — Difficultés et solutions.

Les libérés inspirent, en général, de la répugnance au commerce et à l'industrie; aussi trouvent-ils fort difficilement du travail.

Dès le début de son fonctionnement, la Société de patronage a trouvé un appui et un concours précieux, non seulement dans la magistrature mais dans la municipalité.

Pour surmonter les difficultés que présente surtout la recherche du travail, les patronnés reçoivent, en général, des bons d'auberge qui leur permettent de vivre pendant quelques jours, en attendant qu'ils aient pr se procurer un travail quelconque.

PROJETS. — Parmi les moyens projetés pour remédier à la pénurie d'emplois pour les libérés, figure en première ligne l'*assistance par le travail*, que le conseil d'administration a mise à l'étude et que la Société. avec le concours bienveillant de la municipalité, cherche à organiser à Troyes.

Une maison, avec un vaste terrain propre à la culture maraîchère, est sur le point d'être louée. On y installerait un gardien chargé de surveiller les assistés qui, astreints à un minimum de travail, recevraient en échange un minimum de nourriture; un supplément de travail donnerait lieu à un supplément de nourriture; les produits maraîchers seraient, jusqu'à concurrence des besoins, consommés dans la maison et constitueraient le fond de l'alimentation du personnel ; les admissions auraient lieu sur la présentation de bons mis à la disposition des personnes charitables et dont le remboursement ne serait demandé qu'autant que le bon aurait été utilisé.

Pendant les journées d'hiver qui ne permettraient pas d'effectuer des travaux de culture, les assistés seraient employés à la confection de paillassons.

Le Président,
FÉLIX ANCEL.

LAON

Au nom du Comité de Patronage des détenus libérés de Laon.

Réponse de M. le Président BERTHAULT

A. — Définition et fonctionnement.

Le *Comité des détenus libérés de Laon* a été fondé en 1875, uniquement avec les membres de la Commission de surveillance de la prison comme éléments, puis reconstitué en 1890 par arrêté préfectoral avec des éléments nouveaux ajoutés aux anciens : en fait, c'est le Vice-Président et le Secrétaire du Comité, tous deux magistrats du siège, et le Trésorier, membre du barreau, qui s'occupent du fonctionnement de l'Œuvre.

BUT. — Le Comité s'occupe de préférence des libérés, hommes, femmes, ou enfants, qui lui paraissent intéressants, ensemble ou séparément et aussi des détenus mis en liberté sans jugement, acquittés ou ayant obtenu le bénéfice de la loi de sursis. Pour les enfants arrêtés ou abandonnés, il s'entend, quand cela est possible, avec l'Assistance publique, avec laquelle il a les meilleurs rapports, et provoque, s'il y a lieu, la déchéance paternelle. Il refuse cependant rarement un secours en nature ou le rapatriement même à des libérés peu dignes d'intérêt et dépourvus de ressources, pour qu'ils n'aient pas le prétexte de commettre un méfait le lendemain de leur sortie. Dans certains cas, il vient au secours de familles de détenus qui lui semblent méritantes. La sélection, qui est opérée, se fait pour les individus jugés par le tribunal de Laon sur l'examen de leurs dossiers, pour ceux condamnés par les autres tribunaux du département sur le vu des dossiers administratifs qui se trouvent à la prison et suivant la conduite de ces détenus depuis leur incarcération. Le Vice-Président du Comité, en même temps membre du Conseil de surveillance de la prison, visite plusieurs fois par semaine les détenus dont il juge que le Comité doit s'occuper, avec ou sans demande préalable de leur part. Il charge de ses visites, à son défaut, le juge d'instruction, secrétaire du Comité. Le parloir étant peu approprié et la prison de Laon étant malheureusement une prison en commun, ces visites ont lieu généralement au greffe de la prison, en présence du gardien chef, très dévoué à l'Œuvre ; cette manière de procéder présente au moins l'avantage d'avoir immédiatement la plupart des renseignements jugés nécessaires.

Le visiteur fait alors appeler individuellement les détenus et leur donne les conseils qu'il croit les plus propres à faire impression sur eux.

PLACEMENTS. — Le placement, dans cette région essentiellement agricole, est très difficile ; cependant, par suite des relations personnelles de ses membres dans le pays, le Comité parvient à en opérer de temps à autre, et, quand il ne peut le faire pour des libérés vraiment recommandables, il leur remet une note faisant connaître l'intérêt que porte le Comité au porteur, la situation de celui-ci, et une liste des personnes chez lesquelles il doit se présenter de préférence : le Comité n'a pas eu à se plaindre jusqu'ici des placements faits, à une ou deux exceptions près, peu graves. Mais ce à quoi le Comité s'attache avec ardeur, c'est à faire engager dans l'armée les détenus mineurs de vingt et un ans, dans la conviction que la discipline militaire est à peu près seule susceptible de modifier leur caractère et d'amener leur amendement. En fait, un seul de ces engagés a comparu devant un conseil de guerre. Nous devons remercier la *Société de protection des engagés volontaires* du précieux concours qu'elle nous prête dans cette partie de notre mission. Le Comité fait aussi engager de temps à autre des adultes dans la Légion étrangère, en les invitant à rester, après leur libération, dans la colonie où ils se trouveront. Plusieurs ont déclaré vouloir le faire. Le Comité a toujours eu à se louer de ses rapports avec le recrutement.

Il est rapatrié chaque année un assez grand nombre de libérés, parce qu'il semble que même les plus mauvais peuvent trouver plus aisément du travail dans leur pays d'origine et aussi parce que, se sentant surveillés par leur concitoyens, ils sont sollicités à se mieux conduire. Quand le trajet à parcourir est long et coûteux, il est demandé à la mairie une réquisition de transport à prix réduit, dont l'obtention n'a jamais souffert de difficultés.

Les secours sont donnés de préférence en nature ou restreints, à moins qu'il ne s'agisse d'individus sans antécédents, acquittés ou mis en liberté sans jugement.

Asile. — Il n'y a pas, à Laon, d'asile d'assistance par le travail, et il serait très désirable qu'il y en eût un dans le genre de celui de Melun. Mais Laon étant un centre peu important et les grandes villes se trouvant assez éloignées, le seul travail qu'on pourrait trouver pour les libérés serait un travail agricole. Toutefois, sur la demande du Comité, le Préfet de l'Aisne a autorisé le placement temporaire, aux frais du Comité, des libérés les plus intéressants, à l'hospice départemental de Montreuil-sous-Laon.

Très favorable donc à l'idée d'un asile où les libérés trouveraient du travail en même temps que le gîte et la nourriture, le Comité ne pense pas que les libérés puissent y être recueillis pour un temps illimité.

Appui moral. — L'appui moral que le Comité donne au cours de leur détention à certaines catégories de détenus, il cherche à le continuer après la libération, surtout pour ceux qui appartiennent à l'arrondissement. Mais, pour les autres, il lui est très difficile, faute de comités similaires dans les chefs-lieux d'arrondissement du département et dans les départements voisins, de ne pas les perdre de vue.

Jusqu'à présent le Comité n'a eu que peu de rapports avec d'autres comités, rares d'ailleurs dans la région du Nord. Il a fait de grands, mais jusqu'à présent vains efforts, pour qu'à côté de lui, dans les autres arrondissements du département, et même dans deux départements voisins, il fût organisé des comités de patronage.

Budget. — Le budget du Comité se compose des cotisations, dont un certain nombre très supérieures au chiffre de 5 francs fixé pour la cotisation annuelle de ses 168 adhérents, et de subventions anciennement accordées par le Gouvernement. Mais le Comité préfère ne demander son existence qu'à des ressources qui lui soient propres.

PÉCULE. — S'intéressant de préférence à ceux qui ont encouru les moindres condamnations et, par suite, ne possèdent qu'un pécule insignifiant, il ne croit pas généralement devoir réclamer à ses patronnés, souvent d'ailleurs mariés et pères de famille, la remise de leur pécule; cependant il l'a fait à plusieurs reprises, et ne s'en est pas mal trouvé; mais cette mesure, incontestablement très utile quand il s'agit d'un pécule important, est, pour le comité qui n'a pas de personnel à ses gages, une complication très sérieuse et pourrait être une cause de suspicion de la part de gens que leur passé prédispose à la défiance.

MENDICITÉ DES ENFANTS. — La question de la mendicité des enfants se pose peu dans un arrondissement éminemment agricole comme celui-ci : on rencontre rarement des enfants vagabonds ou mendiants en dehors de leurs parents. Si les parents sont condamnés, le Comité fait en sorte que, pendant leur détention, les enfants soient recueillis aux hospices. S'il y a lieu, il s'entend avec l'Assistance publique et provoque la déchéance paternelle.

PARTICULARITÉ. — Son isolement crée au Comité de Laon une situation plus difficile peut-être qu'ailleurs, puisque la prison de Laon, au delà d'une certaine peine, reçoit les condamnés des tribunaux des autres arrondissements du département. Outre que ses charges sont augmentées par ce fait, il perd presque totalement de vue ses patronnés aussitôt qu'il s'y est intéressé.

B. — Résultats.

Il ne faut pas oublier que le Comité de Laon opère une sélection; il en résulte que, à peu d'exceptions près, il n'a guère eu à se plaindre de ses patronnés. Sans remonter plus loin, le Comité s'est occupé, en 1893, de 37 individus; en 1894, de 47; en 1895, de 96.

Pour ne parler que de cette dernière année, la plus chargée, 22 ont été engagés, mais un nombre au moins égal a été refusé par suite de faiblesse de constitution ou, au dernier moment, a refusé de s'engager; 25 ont été rapatriés, 12 placés.

RÉHABILITATIONS. — Le Comité n'a eu jusqu'à présent à s'occuper que d'un seul cas de réhabilitation.

C. — Difficultés et solutions.

La difficulté est, comme il a été dit, le placement et l'absence d'œuvres similaires dans la région.

SOLUTIONS. — C'est la propagande, une propagande sérieuse, mesurée, ré-

.fléchie. Le Comité s'efforce de répandre l'idée du patronage, et depuis deux ans des résultats incontestablement heureux ont été obtenus, mais il y a encore beaucoup à faire. Quant à l'établissement de comités similaires qui seraient si utiles et que le Comité de Laon a si souvent et de toutes ses forces réclamés, il faudrait une action soutenue des pouvoirs publics, l'appui énergique des autorités administratives, celui aussi des chefs de la Cour, puisque, au sens du Comité de Laon, la magistrature doit être la cheville ouvrière des associations de ce genre.

Alors seulement le patronage entrera dans les mœurs et on aura tué ou fait disparaître ou au moins atténué cette plaie sociale, si grave, qui s'appelle la récidive.

Comme moyens projetés, le Comité voudrait installer dans chaque chef-lieu de canton une section dépendante de lui; il ne désespère pas aussi d'obtenir l'adhésion à son œuvre de la plupart des communes de l'arrondissement.

INDICATIONS GÉNÉRALES. — Si, dans les grandes villes, l'initiative généreuse de personnalités éminentes peut suffire pour mener à bien et faire prospérer des entreprises comme celle dont il est question, il n'en est pas de même dans les petites villes, où l'action des pouvoirs publics et celle des personnalités qui les représentent est indispensable. On est en droit de croire que, avec cette impulsion et un appui qui ne se démentirait pas, la cause du patronage serait gagnée, et que partout se constitueraient et agiraient des comités indépendants les uns des autres, mais réunis dans une commune pensée en vue d'un même résultat.

BERTHAULT.

TOURS

Société de Patronage des prisonniers libérés du département d'Indre-et-Loire.

Réponse de M. P. LESOURD

A. — Définition et fonctionnement de l'Œuvre.

La *Société de Patronage des prisonniers libérés* du département d'Indre-et-Loire a été fondée vers la fin de l'année 1894, mais ne fonctionne réellement que depuis le 1er janvier 1895. Elle a été autorisée par arrêté préfectoral en date du 11 février 1895.

Elle est dirigée par un Conseil d'administration, composé des membres de la Commission de surveillance de la prison et de dix membres nommés par l'Assemblée générale et choisis parmi les personnes que leurs fonctions ou leur position sociale mettent le plus souvent en contact avec les malheureux (présidents de la Commission administrative de l'Hospice,

du Bureau d'Assistance judiciaire, bâtonnier de l'Ordre des avocats, aumônier de la prison, pasteur protestant, etc.).

Ce Conseil choisit dans son sein le Bureau de la Société, dont le prési-
sident est actuellement le président du Tribunal civil.

But. — Aux termes de ses statuts, la Société peut s'occuper des hommes,
des femmes et des enfants; mais, en réalité, jusqu'à ce jour, elle ne s'est
occupée que des hommes et de quelques enfants : aucune femme n'ayant
demandé son appui.

Le secrétaire général de la Société, muni d'une autorisation d'entrée
permanente à la prison, délivrée par le préfet, va fréquemment visiter
les détenus; il se fait signaler par le directeur de la prison les individus
susceptibles de bénéficier de la libération conditionnelle.

Quoique jeune encore, la Société de patronage de Tours a déjà obtenu
de très bons résultats, grâce à la sollicitude et à la bienveillance des
membres du Parquet. Lorsqu'un individu, arrêté pour vagabondage ou
mendicité, est amené devant le procureur de la République, il est adressé,
s'il n'a jamais subi de condamnation et s'il manifeste le désir de travailler,
au moyen d'une *note* spéciale, au secrétaire général. Celui-ci le fait entrer
à l'*Asile* que possède en ville la Société.

Asile. — Cette Asile, très modeste d'ailleurs, peut abriter cinq ou six
individus, qui y sont logés et chauffés et qui y travaillent. Quant à la nourriture, elle leur est donnée dans une pension alimentaire à l'aide de bons
gracieusement mis le plus souvent à la disposition de la Société par le
fondateur de cet établissement, M. Drake, député d'Indre-et-Loire. Ces
bons portant le cachet de la Société ne peuvent être cédés par les patronnés.

Une partie du mobilier, le chauffage et l'éclairage de l'Asile sont fournis gratuitement par des personnes généreuses de la ville. Il convient
d'ailleurs de rendre ici hommage à la générosité de la population tou-
rangelle, qui a singulièrement simplifié la tâche et encouragé les efforts
des membres de la Société en leur apportant, au point de vue pécuniaire,
son concours le plus empressé.

Lorsqu'un homme est arrivé à l'Asile, s'il a dix-huit ans accomplis,
la Société lui fait contracter un engagement volontaire, et là encore elle
n'a qu'à se louer du concours que veulent bien lui prêter les autorités compétentes. Si l'homme a fait son service militaire, parfois elle lui
facilite son engagement dans la Légion étrangère ou elle lui cherche une
place, ou bien elle le rapatrie. Mais, quel que soit le sort qui lui est réservé,
le patronné travaille toute la journée à l'Asile en attendant que les
démarches nécessaires soient terminées.

Lorsque la Société rapatrie un individu, elle le fait conduire à la gare
par un agent de police, qui prend le billet, le remet au chef du train et
lui recommande le patronné.

PÉCULE. — Lorsqu'un individu sort de la prison pour entrer à l'Asile, il remet au trésorier son pécule. Celui-ci perçoit, en outre, le produit de son travail pendant son séjour à l'Asile, et, lorsqu'il part, le patronné reçoit le reliquat de son compte, défalcation faite des frais, d'ailleurs très minimes, qu'il a coûtés à la Société.

B. - - Résultats.

La Société de patronag de l   - n'a qu'à se féliciter des premiers résultats obtenus au cours de l'année 1895.

Sur 48 patronnés, 2 seulement ont pris la fuite et n'ont pas profité de son action bienfaisante. Quant aux autres, ils ont été placés, rapatriés ou engagés, et beaucoup d'entre eux ont tenu à prouver, après leur départ, leur reconnaissance à ceux qui s'étaient occupés d'eux. Plusieurs continuent à écrire de temps en temps. Tous ceux qui ont été engagés ont été recommandés à la *Société de protection des engagés volontaires*, qui veut bien communiquer à la Société de Tours les notes et renseignements qu'elle possède à leur sujet.

C. — Difficultés.

La seule difficulté sérieuse que rencontre la Société est relative aux secours de route. Lorsqu'elle veut rapatrier un patronné, elle est obligée de payer, pour lui, place entière. Aucune facilité ne lui est donnée ni par la Municipalité ni par la Compagnie du chemin de fer d'Orléans.

INDICATION GÉNÉRALE. — En outre, de l'expérience acquise pendant une année il résulte qu'une société de patronage, qui a, comme dans l'espèce, un asile et un atelier de travail, ne doit pas chercher à abriter très longtemps ses patronnés. Il faut se hâter de les placer ou de les rapatrier, parce qu'ils finissent par se lasser de la surveillance exercée sur eux.

En résumé, la Société fonctionne modestement, mais utilement, croit-elle. Les ressources pécuniaires ne lui manquent pas ; elle trouve partout les encouragements les plus précieux, et les bonnes relations qu'elle entretient avec le *Bureau central* et les autres Sociétés de patronage lui facilitent singulièrement sa tâche. Convaincue du bien qu'elle peut faire, des misères qu'elle peut soulager, des gens qu'elle peut sauver, elle continue son œuvre, guidée par ce grand principe qui lui a assuré le succès à son début, à savoir que « la charité n'a pas de couleur et ne veut pas connaître la politique ».

Le Secrétaire général :
PAUL LESOURD.

CHAUMONT.

Au nom de la Société de Patronage des libérés adultes et adolescents du département de la Haute-Marne.

Réponse de M. le Président DURAND

A. — Définition et fonctionnement.

But. — La *Société de Patronage des prisonniers libérés du département de la Haute-Marne* a été fondée au mois de juin 1893.

Elle a été autorisée, après dépôt des statuts, par arrêté préfectoral du 7 juillet 1894 qui vise l'article 271 du Code pénal.

En fait, la Société ne fonctionne normalement que depuis le 1er novembre 1894.

C'est le régime de l'emprisonnement individuel qui est en vigueur dans la prison de Chaumont; elle comprend 120 cellules, pour les hommes, femmes, inculpés, prévenus, condamnés, mais la population moyenne ne dépasse pas 40, se répartissant ainsi : 10 inculpés et prévenus, 30 condamnés.

Sur ces 30 condamnés, 10 seulement sont frappés de peines inférieures à un an; les autres, les deux tiers, purgent des peines d'emprisonnement supérieures à un an et sont envoyés de la Maison centrale de Clairvaux, soit sur leur demande, par mesure de faveur, afin de bénéficier de la réduction du quart (art. 4 de la loi du 5 juin 1875), soit pour d'autres causes. La plupart de ces prisonniers, venant de la Maison centrale, sont originaires de Paris, circonstance qui crée à la Société de patronage de la Haute-Marne une situation particulière.

La Société de patronage n'a pas eu l'occasion jusqu'à présent de s'occuper des femmes : trois femmes seulement durant cette année ont passé à la prison de Chaumont, et encore pendant peu de temps : mais les statuts prévoient la constitution d'un Comité de dames, plus spécialement chargé du patronage des femmes, et il sera constitué au premier besoin. La question relative aux enfants sera traitée dans un paragraphe spécial, ci-après.

Visites. — Le régime étant celui de l'emprisonnement individuel, le patronage s'occupe des prisonniers séparément : les conférences peuvent être un expédient nécessaire dans les prisons du régime en commun, mais elles ne sont ni désirables, ni efficaces, ni surtout praticables dans une prison cellulaire.

Chaque semaine, le Président de la Société se rend au Parquet, où, très obligeamment, M. le procureur de la République l'autorise à prendre communication de l'état journalier des entrées et des sorties de la prison; tenu ainsi au courant du mouvement du personnel, le Président visite les nouveaux arrivants et prend sur un carnet spécial tous les renseignements utiles sur la famille, les antécédents, etc., du détenu; de plus, sur la demande du Président, le greffier de la prison veut bien remplir les indications d'un imprimé *ad hoc* pour chaque arrivant (*Annexe* n° 1).

Cette première visite permet d'éliminer un certain nombre d'individualités, pour lesquelles il n'y a absolument rien à faire : récidivistes invétérés (chevaux de retour) qui ne désirent qu'une chose, passer l'hiver à l'abri, dans une cellule bien chauffée. Tous les autres prisonniers sont visités, sinon patronnés.

Les visites sont faites dans la cellule. Le visiteur dresse, pour chaque visite dans la prison, la liste des détenus qu'il désire voir. Sur son indication, le gardien lui ouvre la porte de la cellule, l'annonce et se retire dans la galerie où il vaque à ses occupations pendant la durée de la visite, environ dix minutes.

Le Conseil d'administration se réunit tous les trois mois, et jusqu'à présent les visiteurs ont été désignés dans son sein. Deux membres se chargent d'assurer le service pendant le trimestre. Six membres visiteurs ont ainsi fait les visites pendant cette année. Sur la demande du Président, un permis de visiter tous les prisonniers a été délivré par M. le Préfet au nom de chacun d'eux.

Les visites répétées des membres visiteurs et du Président permettent de discerner ceux des prisonniers qu'il y a lieu d'étudier d'une manière spéciale et de suivre, afin de pouvoir les patronner à leur sortie, soit en leur procurant du travail, soit en facilitant leur engagement dans l'armée. C'est au cours des visites que l'on peut prévoir s'il y aura pour la Société à faire des sacrifices afin de rapatrier le libéré; si, au jour de sa sortie, il faudra l'habiller en tout ou en partie. La situation, le travail qui doit assurer l'existence sont-ils découverts, le jour de la sortie le libéré est reçu à la porte de la prison et adressé de suite au patron qui a consenti à le recevoir. Si la place est encore à trouver, le libéré est nanti d'une carte avec laquelle il est reçu chez un aubergiste de la ville qui lui fournit abri et repas, suivant les indications du bon et le tarif convenu (lit, 0 fr.50; repas, 0 fr. 75).

LIBÉRATION CONDITIONNELLE. — Un nombre notable de libérés étant originaires de Paris, la Société de patronage de la Haute-Marne a dû se mettre en rapports avec la *Société Générale pour le patronage des libérés*, particulièrement au sujet de la libération conditionnelle. M. le sénateur Bérenger a bien voulu nous assurer que sa Société ne consentirait à accorder le patronage en vue de la libération conditionnelle que sur un avis favorable émanant du Comité de Chaumont. La Société de la Haute-Marne a dû se mettre en rapports également avec les Sociétés de patronage de Reims, de Troyes, de Dijon, de Nice, de Mézières, soit pour le placement des libérés, soit pour des questions d'organisation.

Pécule. — La première condition pour que la Société s'occupe d'un libéré, c'est qu'il consente à confier son pécule à la Société. Le jour de la sortie, un membre du bureau se rend au greffe de la prison et reçoit du gardien-chef tout ou partie du pécule, en présence du libéré qui signe le décompte établi au verso de la feuille de renseignements qui le concerne. Le pécule n'est encaissé par la Société que pour ordre, car immédiatement il ressort pour être versé à la caisse d'épargne postale. Le Président, agissant comme mandataire verbal, effectue le dépôt, avec mention du remboursement différé à trois mois, à six mois, suivant les cas. La remise du pécule doit être considérée comme indispensable, c'est la seule garantie d'un désir sincère d'amendement, de relèvement. Au cas de libération conditionnelle obtenue grâce à l'intervention de la Société, notamment (art. 7 de la loi de 1885), cette remise du pécule s'impose absolument.

Enfants. — La Société de patronage de la Haute-Marne s'occupe des enfants en *danger moral*, ce qui comprend les enfants dont la conduite a motivé l'intervention de la justice et les enfants se livrant habituellement au vagabondage et à la mendicité. Une section, sous la direction de l'un des vice-présidents, est chargée de ce sauvetage de l'enfance. Des bulletins (*Annexe* n° 2) ont été adressés à tous les officiers de police judiciaire, aux maires des villes, pour que les enfants en danger moral soient signalés à la Société de patronage; mais, malgré le nombre des petits mendiants et vagabonds errant dans le département, la Société n'a pu exercer que rarement son action; elle attend, ne pouvant guère se saisir elle-même *proprio motu*. Quelle action aurait-elle près des parents, complices, sans une sorte de plainte des autorités compétentes?

La Société toutefois s'est occupée d'enfants acquittés par le tribunal et remis à leurs parents, ou d'enfants vis-à-vis desquels les parents eux-mêmes réclamaient son intervention et son patronage.

Comités. — La Société de patronage du département de la Haute-Marne a organisé deux Comités aux chefs-lieux d'arrondissement : Langres et Wassy. Ces Comités ont un Conseil particulier, dont les membres (président, secrétaire, trésorier) font de droit partie du Conseil d'administration de la Société : le Comité local s'administre et opère comme il l'entend; seulement la Société n'a qu'une caisse qui centralise toutes les cotisations. Le Comité local reçoit une allocation votée annuellement par le Conseil de la Société, et à charge par lui de rendre compte de ses opérations. Le montant de l'allocation est fixé suivant les besoins et, autant que possible, proportionnellement au nombre des sociétaires résidant dans l'arrondissement.

A douze kilomètres de Chaumont, la colonie industrielle de Bologne reçoit environ 350 enfants et jeunes gens, confiés à l'éducation correctionnelle. La Société de la Haute-Marne a entrepris le patronage des jeunes gens qui sortent chaque année de la colonie au nombre d'une cinquantaine. La plupart de ces jeunes libérés sont rapatriés à Paris, lieu d'établissement de leur famille. La Société de patronage a organisé, à Paris, un Comité qui s'occupe de placer et de patronner ces jeunes ge ns Dans les autres régions, le Comité se met en rapport, pour le placement, avec les Sociétés locales.

B. — Résultats.

Depuis la fondation de l'Œuvre, 410 visites environ ont été faites à 85 détenus, dans les cellules, par sept visiteurs. La Société de patronage s'est occupée plus spécialement de 19 d'entre eux; 7 libérés ont été rapatriés, à la suite d'ordonnances de non-lieu ou autrement; 6 ont été pourvus de vêtements, 4 ont été reçus dans une auberge avec un bon de la Société, 7 ont été placés; 2 détenus ont bénéficié de la libération condition-nelle, grâce à l'intervention de la Société qui les a pris à charge, l'un neuf mois, l'autre cinq mois avant l'expiration normale de la peine. La Société continue à les patronner et détiendra leur livret de la caisse d'é-pargne postale, l'une 200 francs, l'autre 22 fr. 75, jusqu'à l'expiration de la peine (19 janvier et 10 avril 1896).

C. — Difficultés et solutions.

DIFFICULTÉS. — La principale difficulté vient de ce que les personnes même, qui ont l'occasion d'approcher des prisonniers, ne croient pas encore à l'effi-cacité du patronage et, par conséquent, secondent très mollement ses ef-forts. Le placement des libérés offre aussi des difficultés sérieuses, particuliè-rement en ce qui concerne les libérés qui ne peuvent être employés à un travail manuel. Chose étrange, les libérés qui ont purgé une condamna-tion pour attentat aux mœurs sont encore acceptés, mais le condamné pour vol, même primaire, rencontre une répugnance presque invincible.

SOLUTIONS. — L'expérience, l'éloquence des résultats obtenus par la téna-cité et la persévérance, la discrétion et la réserve allant jusqu'à la patience chrétienne décidée à tenter le bien quand même, pourront seules faire éva-nouir le premier ordre de difficultés, qui d'ailleurs peut n'être pas géné-ral. Quant à la difficulté du placement, deux procédés peuvent être employés : les libérés suffisamment connus par l'étude du dossier de condamnation, suffisamment appréciés dans la cellule, ceux qui présen-tent des garanties sérieuses d'amendement, ceux-là, en petit nombre, peuvent être placés, grâce à beaucoup de recherches et de démarches, sur la recommandation de la Société de patronage, près des personnes qui ont assez de confiance dans la prudence de son action ; les autres se-ront assistés au moyen du bon d'auberge, pendant un ou plusieurs jours, suivant le cas, afin de leur permettre de trouver du travail sans l'inter-vention de la Société.

Avec le temps, la Société de patronage aura su se créer assez de relations avec des chefs de culture, avec des chefs d'atelier pour placer, au moment opportun, les libérés qui seront acceptés sur sa seule recommandation, mais ce n'est point du jour au lendemain que ce résultat peut être obtenu.

INDICATIONS GÉNÉRALES. — L'action d'une Société de patronage ne sera féconde que si elle sait se montrer très persévérante, très prudente, très modeste, car elle doit ménager des susceptibilités de bien des genres; elle doit, si elle veut porter des fruits, renoncer à tout ce qui pourrait avoir un caractère officiel, et prendre les allures humbles de l'œuvre de charité; elle doit veiller à ne pas froisser les susceptibilités des pouvoirs publics, et non moins les susceptibilités des libérés.

Dans cet ordre d'idées, l'expérience amène à constater que, dans la plupart des cas, le papier à en-tête spécial doit disparaître de la correspondance du patronage. Pour les enfants, pour les jeunes gens libérés de l'éducation correctionnelle, ce même détail peut avoir de l'importance. Enfin, comme tous efforts de la Société de patronage tendant au sauvetage de l'enfance, visant le reclassement des libérés de l'éducation correctionnelle, sont de beaucoup les plus intéressants et les plus fructueux, la vraie dénomination de toutes société de patronage devrait être celle-ci : *Société de Patronage des libérés adultes et adolescents*, supprimant ainsi le mot *prisonniers* qui sonne mal, plus encore pour le patron que pour le libéré, ajoutant le mot *adolescents*, qui permet de donner au patronage toute l'extension souhaitable.

SOCIÉTÉ DE PATRONAGE DES PRISONNIERS

DU DÉPARTEMENT DE LA HAUTE-MARNE

Bulletin que doit remplir le détenu qui demande l'assistance du patronage

Noms, prénoms..

Né à....................................... *âgé de*...............

Célibataire? ....

Marié, combien d'enfants? ....

Pourquoi et depuis quand le détenu a-t-il quitté son pays d'origine?....

Situation de famille : femme, enfants, ascendants, frères et sœurs; leur résidence? ....

Moyens d'existence du détenu avant sa condamnation? ....

Motifs et date de la condamnation?...................................

Durée de la peine? ....

Le détenu avait-il subi des condamnations antérieures?...............

Date de l'expiration de la peine? ....

Société de Patronage du département de la Haute-Marne

SAUVETAGE DE L'ENFANCE

Le................•....•...
signale à l'attention de la Société le nommé.................................
né le ....
fils de..
et de..
demeurant ....
qui (1) ....

ADRIEN DURAND.

AVIGNON

Comité de Patronage des libérés des prisons de Vaucluse.

Réponse de M. CHABAUD

A. — Définition et fonctionnement.

BUT. — Plusieurs tentatives avaient été faites sans succès pour constituer à Avignon une Société de patronage. La Commission de surveillance de la prison d'Avignon, cherchant surtout un résultat pratique, avait décidé, dans sa séance du 16 juin 1892, « de s'occuper désormais elle-même de venir en aide aux détenus des deux sexes libérés de la prison d'Avignon qui s'en seront rendus dignes par leur conduite, leur travail et leur attitude durant la détention, et qui n'auront jamais subi de condamnation antérieure ».

Une rente de 407 francs, qui lui avait été laissée par testament, permettait d'ores et déjà à la Commission « de pouvoir accorder des secours en espèces et en vêtements; de s'occuper, en outre, du rapatriement des libérés et de leur faciliter les moyens de trouver du travail ».

C'est sous cette inspiration et dans ce but qu'a été constitué le *Comité de patronage des libérés de Vaucluse*, qui est, en quelque sorte, une délégation de la Commission de surveillance, avec mission d'arriver, sur ces bases, au meilleur résultat possible.

Après autorisation préfectorale, des fonds ont été recueillis par les membres du Comité, qui ont pu agir utilement dès le 1er janvier 1895.

(1) Causes pour lesquelles l'enfant peut être considéré en danger moral (*habitudes de vagabondage, mendicité, maraudage, etc.*).

PLACEMENTS. — Avignon n'étant pas une ville industrielle, on a trouvé difficilement à placer les libérés dans des usines; il y avait aussi à convaincre les esprits mal disposés à des essais de ce genre : c'est du succès de nos premiers placements que pouvait dépendre l'avenir.

La population détenue de la prison d'Avignon est peu nombreuse, n'y subit que de courtes peines; il en est de même dans les autres prisons du département : il s'y trouve bon nombre de récidivistes.

Il est donné à tous les détenus connaissance de l'existence et du mode de fonctionnement du Comité de patronage.

Le Secrétaire se rend à la prison dès qu'un détenu demande l'appui du Comité : il se met en relation avec les anciens patrons du détenu et cherche, par tous les moyens possibles, à lui faciliter la reprise de son ancien travail, la recherche d'un nouveau patron, le retour dans sa famille ou, selon les cas, l'engagement dans certains corps.

C'est de ce côté, par des rengagements dans la Légion étrangère ou dans les bataillons d'Afrique, que le Comité a pu offrir à quelques récidivistes, anciens militaires, la possibilité d'un reclassement.

B. — Résultats.

Voici quels ont été, pour l'année 1895 — la première année effective du Comité de patronage, — les résultats obtenus :

1 libéré a été placé dans une usine où il donne satisfaction.

1 — a été réconcilié avec son ancien patron.

3 — ont contracté un engagement de cinq ans dans la Légion étrangère.

1 — a contracté un engagement de cinq ans dans un bataillon d'infanterie légère d'Afrique.

1 — a été adressé à la *Société de patronage* de Marseille qui, ayant des débouchés plus étendus, a pu s'occuper de lui utilement.

6 — ont reçu des secours en argent pour faciliter leur rapatriement : l'un d'eux a été secouru à titre de *prêt d'honneur*, en vue de relever à ses propres yeux un égaré.

En tout, *treize libérés* ont été jugés dignes de l'appui du Comité pendant cette première année.

C. Difficultés et solutions.

La principale difficulté consiste, ainsi que nous l'avons dit plus haut, dans la question des placements et dans l'indifférence du public. Cette insouciance du public, cause de la pénurie de nos débouchés pour nos protégés, nous oblige à une particulière prudence dans nos recommandations; car le moindre insuccès, surtout au début, eût pu être fatal à notre entreprise.

Le Secrétaire,
CHABAUD.

MELUN

Société de Patronage pour les condamnés libérés et d'Assistance par le travail de Seine-et-Marne.

Réponse de M. VEILLIER

A. — Définition et fonctionnement de l'Œuvre.

Le patronage des condamnés libérés existait à Melun avant 1859, mais ce n'est qu'à partir de cette époque qu'une comptabilité régulière a été tenue et qu'il est possible dès lors de suivre les opérations du patronage dans cette ville.

But. — Le Comité n'était autre que la Commission de surveillance de la Maison d'arrêt. Dès 1879, des adhérents plus nombreux étant venus s'adjoindre à la Commission de surveillance, des statuts pour la fondation d'une véritable société furent adoptés en assemblée générale ; le champ d'action du patronage, qui était resté limité jusque-là à quelques secours en argent ou effets d'habillement, prit dès lors une extension croissante, et la Société put s'occuper du placement des libérés, de leur rapatriement, de leur expatriation, etc.

La reconnaissance d'utilité publique par l'État, le 11 avril 1892, vint donner à la Société un nouvel essor et l'assistance par le travail, qui avait déjà fait l'objet des études du Comité, depuis un certain temps, entrait en plein fonctionnement le 1er octobre de la même année.

Le but poursuivi se trouve clairement défini dans les lignes suivantes que le Comité adressait à M. le maire de Melun en vue de la création de la maison de travail :

« La Société a pour but de venir en aide aux libérés des maisons d'arrêt du département, aux passagers nécessiteux et aux ouvriers sans travail qui, n'ayant pas pu ou pas su faire des économies pour les cas de chômage ou de cessation de travail, sont obligés de chercher au loin l'ouvrage qui leur manque. »

La Société a pensé que le but recherché ne pouvait être atteint qu'en adoptant les principes suivants :

1° Que l'homme secouru doit se trouver dans une position moins bonne que celui qui se suffit à lui-même ;

2° Que l'assistance doit être considérée par l'ouvrier comme un pis-aller et qu'elle doit cesser en sa faveur aussitôt qu'il peut se suffire ;

3° Que cette assistance doit comporter une économie rigide et un régime sévère pour ne pas être enviée par les ouvriers laborieux ;

4° Qu'il est indispensable de demander à l'assisté de contribuer par son travail à son propre entretien en proportion de ses forces.

Pour mettre en pratique ces principes, les règles ci-après sont appliquées :

1° Admission de tous les passagers, libérés, mendiants et vagabonds porteurs d'une carte de 0 fr. 15 délivrée par un des adhérents ou d'une carte gratuite délivrée par un membre du Comité d'administration;

2° Obligation immédiate de s'adonner aux travaux organisés dans la maison;

3° Soumission absolue, sous peine d'exclusion, au règlement de la maison;

4° Interdiction de sortir de l'établissement, sauf autorisation du surveillant, en vue de rechercher du travail;

5° Remise à l'assisté de l'intégralité du produit de son travail et comme corrélation :

6° Obligation, pour tout assisté valide, de suffire à ses besoins;

7° Distribution de la nourriture au prix de revient, au fur et à mesure du travail exécuté et en proportion de l'effort constaté.

CATÉGORIES. — La maison ne reçoit que des hommes. Toutefois, la Société, en dehors de la maison de travail, s'occupe aussi des femmes et des enfants qui font appel à son assistance ou à sa protection.

La Société des patronage de Melun patronne **tous** les libérés de Seine-et-Marne qui s'adressent à elle. En outre, elle s'occupe des passagers, mendiants et vagabonds, qui traversent la ville de Melun et les reçoit dans sa maison de travail.

VISITES. — Depuis la création de la maison de travail, il n'y a plus de visites à la maison centrale ou à la maison d'arrêt, car toutes les demandes sont accueillies.

Il n'y a pas de visiteurs, les visites étant devenues inutiles.

Au temps où les visites des prisonniers avaient lieu, elles étaient peu fréquentes, bien que l'administration locale y fût très favorable : les membres de la Société de patronage préféraient recourir aux renseignements fournis par la direction plutôt que de s'en rapporter à leur propre expérience.

PLACEMENTS. — Le plus souvent les hommes se placent eux-mêmes pendant leur séjour à la maison de travail. La Société de patronage pratique l'engagement dans l'armée, le rapatriement, le placement chez les particuliers quand il est possible (voir ci-après les résultats de l'Œuvre). Elle agit par voie de conseils et use de l'influence de ses membres pour réconcilier les patronnés avec leurs familles ou leurs anciens patrons. Elle distribue parfois des secours en nature, mais après enquête sévère.

BUDGET. — Le budget de la Société est alimenté par la cotisation de ses membres fixée à 10 francs, par les dons des particuliers, les subventions éventuelles de l'État, et par le remboursement du prix des cartes d'admission utilisées qui était de 0 fr. 25 et qui vient d'être réduit à 0 fr. 15

à partir du 1er janvier 1896, dans le but de le mettre à la portée d'un plus grand nombre de personnes.

Total des recettes (exercice 1895)	13 206 fr. 98
Total des dépenses (—)	12 628 fr. 88
En caisse au 31 décembre 1895 .	578 fr. 10

PÉCULE. — Quelques patronnés déposent leur pécule à la Caisse d'épargne postale et remettent ensuite leur livret au trésorier de la Société de patronage comme garantie. Cette mesure doit être recommandée, mais elle n'est applicable que dans un petit nombre de cas.

MENDICITÉ DES ENFANTS. — Le vagabondage des enfants n'existe pas à proprement parler à Melun. Il est très rare que les prisons de Seine-et-Marne renferment des jeunes détenus.

La Société intervient par voie de secours en nature. Elle a décidé, il y a quelques mois, de prendre à sa charge l'éducation d'un ou de plusieurs enfants abandonnés, ou en danger moral, originaires de Melun ou de Seine-et-Marne, mais aucune demande en ce sens ne lui a encore été faite.

PARTICULARITÉS. — La maison d'assistance par le travail est le principal moyen de patronage. Elle reçoit tous ceux qui s'adressent à elle par l'intermédiaire d'un membre du Conseil d'administration ou qui sont porteurs d'une carte de 0 fr. 15.

Elle conserve ses patronnés aussi longtemps qu'ils le désirent, à la condition qu'ils acceptent le travail et se soumettent à la règle de la maison. L'asile est donc à la fois permanent et temporaire. Il permet à tout homme de bonne volonté d'attendre la cessation du chômage.

B. — Résultats.

Les résultats ci-après comprennent la période qui s'est écoulée depuis la création de la maison de travail (1er octobre 1892) jusqu'au 31 décembre 1895.

Nombre de cartes distribuées	10.390
— — utilisées	3.773
Total des assistés	3.773
Total des journées d'assistance	12.657
Produit du travail des patronnés	11.969 fr. 63
Total des dépenses faites par les assistés	8.012 fr. 63
Reliquats de pécule remis à la sortie après les dépenses payées	6.173 fr. 29
Débet laissé par les patronnés qui n'ont pu couvrir entièrement leurs dépenses	2.245 fr. 71

Rapatriés dans leurs familles. 216
Sont retournés chez leur ancien patron
ou avaient un travail assuré en quit-
tant la Maison 215
Placés par la Société 34
Ont contracté un engagement volontaire
grâce aux démarches de la Société. . . . 73
Admis à l'hôpital 44
                                         582   582
Ont pris des destinations diverses sans avoir la
certitude de trouver du travail 3.191
                    Total des patronnés. . . . 3.773

Les secours pour rapatriement, habillement, de
route aux engagés volontaires, etc., se sont élevés à. . . . . 4.900 fr. 70
Ont reçu des vêtements en nature 89 patronnés.

Travaux organisés. — Les travaux donnés aux assistés sont extérieurs ou intérieurs.

Les travaux extérieurs consistent en culture des champs et des jardins, terrassements, déchargement de bateaux, travaux d'hommes de peine chez des particuliers, chez des négociants, des industriels ou des entrepreneurs de bâtiment.

Les travaux intérieurs consistent dans le cannage et l'empaillage de chaises, le triage de chiffons, le triage de légumes ou de cafés, les bandes pour adresses, la couture de sacs, le défonçage de corsets, etc. Au cours de l'année 1895, il a été fait acquisition d'une petite machine à fabriquer les liens pour l'agriculture, et une nouvelle industrie a été introduite, celle de la confection de tresse en jonc pour la vannerie. Ces diverses mesures ont permis de ne laisser aucun homme inoccupé et ont mis la Société à même de pouvoir faire face à toute augmentation de l'effectif qui viendrait à se produire.

Dépenses des patronnés. — Si nous considérons les résultats obtenus depuis le 1er octobre 1892, époque de la création de la maison de travail, jusqu'au 31 décembre 1895, nous trouvons que la moyenne du gain journaliers pour les patronnés qui séjournent au delà de 24 heures a été $\frac{11.969 \text{ fr. } 63}{9647 \text{ jours}} = 1$ fr. 25, et il y a lieu de remarquer que ce gain *est leur propriété entière.*

Si, au contraire, nous examinons à part les résultats de l'année 1895, c'est-à-dire une période normale débarrassée des tâtonnements et des essais inhérents aux débuts de toute création, nous trouvons que cette moyenne a été de $\frac{4.785 \text{ francs}}{3.004 \text{ jours}} = 1$ fr. 59, résultat des plus satisfaisants.

C'est à cette même période de 1895 que nous puiserons les renseignements ci-après :

La moyenne de la dépense journalière faite par les patronnés et *à leur propre compte* a été de $\dfrac{1.939 \text{ fr. } 85}{3.896 \text{ jours}} = 0$ fr. 50 environ.

Cette dépense moyenne de 0 fr. 50 par journée d'assistance a été remboursée intégralement par les assistés valides à l'exception de 32 d'entre eux dont le travail insuffisamment rémunérateur n'a pu couvrir les dépenses. Il est résulté de ce fait à la charge de la Société une dépense qui, ajoutée à celle des passagers ayant séjourné moins de 24 heures s'élève environ à 0 fr. 04 par journée d'assistance.

Si l'on ajoute à cette somme de 0 fr. 04 les frais généraux occasionnés par le surveillant et sa famille, le chauffage, l'éclairage, le blanchissage du linge et les dépenses diverses d'entretien, l'on obtient une dépense moyenne de 0 fr. 15 par journée d'assistance à la charge de la Société de patronage, déduction faite du remboursement des cartes d'admission.

Ce résultat a pu être obtenu grâce au bon marché du couchage et de la nourriture, au concours de plusieurs membres de la Société qui fournissent des aliments sains aux prix de revient, ainsi qu'aux efforts faits pour procurer aux patronnés un travail aussi rémunérateur que possible.

Après avoir payé entièrement leurs dépenses de nourriture et de couchage, 107 patronnés ont pu emporter quelque argent pour parer à leurs premiers besoins; parmi ce nombre, 38 sont partis avec un pécule variant de 20 à 50 francs et au-dessus, ayant ainsi trouvé, grâce à la maison de travail, la possibilité soit de retourner dans leurs familles, soit de se rendre dans d'autres localités pour y chercher du travail ou une occupation que la contrée ne pouvait leur fournir.

Sur 971 patronnés, en **1895**, il n'y en avait pas moins de 64 atteints d'infirmités ou dans un état maladif, et plus de la moitié d'entre eux ne pouvaient pas être considérés comme ayant une bonne santé et, par suite ne pouvaient être occupés à un travail pénible. Malgré des éléments aussi peu favorables, les patronnés qui ont séjourné plus de 24 heures à la maison de travail ont gagné une somme de 4.785 fr. 08 répartie ainsi qu'il suit :

Ont gagné au-dessous de 5 francs	56	patronnés,
— de 5 à 10 francs.	12	—
— de 10 à 20 francs.	17	—
— de 20 à 30 francs.	13	—
— de 30 à 50 francs.	16	—
— au-dessus de 50 francs	23	—
Total. . . .	139	patronnés.

Tous les assistés ont participé au travail et aucun n'a été renvoyé faute d'ouvrage.

En ce qui concerne les assistés valides, nous considérons comme essentiel de laisser à chaque patronné la totalité de son gain dans la maison de travail et, comme corrélation, le soin de supporter les charges de sa nourriture, de son couchage et de son entretien. C'est un excellent moyen d'atténuer les dépenses de la Société de patronage, un mode d'éducation qui a une grande valeur pratique, et une simplification notable des écritures.

Enfin dans cette même année 1895 il a été fait à 15 détenus des avances remboursables pour secours à leurs familles; ces avances se sont élevées à 510 fr. 05 et ont été intégralement remboursées par les emprunteurs.

C. — Difficultés et solutions.

DIFFICULTÉS. — Le patronage n'a jamais trouvé de grandes difficultés en Seine-et-Marne, en ce sens qu'il y a toujours eu des hommes dévoués pour s'en occuper et que l'Œuvre en elle-même ne rencontrait pas de sérieuses hostilités. Mais le placement chez des particuliers a toujours été très difficile et le concours des patrons a fait défaut.

SOLUTIONS. — La Société de patronage de Seine-et-Marne a assuré l'avenir du patronage, en créant de toutes pièces, avec le concours momentané de l'État, une maison de travail qu'elle gère et administre elle-même.

La création de cette maison et son fonctionnement ont fait l'objet d'une notice qui a été déposée sur le bureau du Ve Congrès pénitentiaire international et qui sera de même adressé au Bureau du IIIe Congrès national de patronage, avec le compte rendu de l'année 1895.

La création de cette maison de travail qui peut recevoir 24 assistés, les loger et les faire travailler, a soulevé des réclamations de la part des habitants du quartier de la ville où elle est construite. Ces réclamations se sont traduites par une pétition au conseil municipal de Melun qui, après examen, a passé à l'ordre du jour.

Elles étaient basées sur des craintes non fondées et sur une fausse appréciation du caractère de l'Œuvre. Aussi n'ont-elles pas persisté et, chose curieuse, les plaignants sont aujourd'hui les plus fermes soutiens de l'Œuvre, en ce sens qu'ils donnent régulièrement du travail aux assistés et aident ainsi au fonctionnement normal d'une institution contre laquelle ils avaient tout d'abord protesté.

INDICATIONS GÉNÉRALES. — Le patronage ne peut recevoir aucune extension à Melun, en ce sens que nous ne refusons aucun libéré de Seine-et-Marne et qu'on ne peut patronner les gens malgré eux. La maison de travail a même accepté les libérés originaires de l'Yonne, en petit nombre d'ailleurs, qui lui étaient envoyés par la Société de patronage de Sens.

La Société de patronage, sauf exception sur laquelle son Conseil d'administration aurait à délibérer, n'accepterait pas les libérés des autres départements, car ce serait concentrer à Melun des gens sans aveu ou tout au moins sans ressources, contrairement au but poursuivi par ses adhérents, qui est de contribuer, à côté de l'œuvre de bienfaisance, à la sécurité locale.

Ce but semble avoir été atteint, du moins en partie, car il résulte des renseignements fournis par la police municipale que, en 1895, il y a eu à Melun de 400 à 500 passagers, vagabonds et mendiants, de moins qu'au cours des années qui ont précédé la création de la maison de travail. Cette diminution représente le dixième environ des passagers qui traversent annuellement la ville de Melun.

Le Secrétaire :
VEILLIER.

—

CHALON-SUR-SAONE.
Société de Patronage des condamnés libérés de Saône-et-Loire.

Réponse de M. P. MAUCHAMP

A. — Définition et fonctionnement.

BUT. — La Société a pour but le relèvement moral des condamnés mais elle s'occupe également des vagabonds non condamnés. Nous ne croyons pas devoir faire de distinctions, car il nous est arrivé souvent de ramener plus facilement dans la bonne voie un individu qui en avait assez de la vie de prison et de misère qu'un condamné primaire. Nous estimons aussi que, préserver un malheureux de toute condamnation, c'est lui rendre le plus grand service.

VISITES. — Le Président seul fait des visites aux prisonniers, qui donnent plus facilement et plus complètement leur confiance à un seul.

PÉCULE. — Nous pensons que c'est précisément à leur libération que les patronnés ont besoin de leur pécule et qu'il faut, non pas le leur prendre, mais diriger son emploi.

MENDICITÉ DES ENFANTS. — Nous ne pouvons que rapatrier les enfants en état de vagabondage.

PLACEMENTS. — Nous ne plaçons pas et nous ne procurons pas de travail à nos patronnés; nous les aidons à s'en procurer. D'ailleurs les ouvriers honnêtes, sédentaires, qui souvent n'en ont pas, s'en plaindraient.

Et puis ce serait l'*aumône du travail*. Nos patronnés doivent être les propres agents de leur relèvement moral; ils en sont fiers quand ils ont réussi; leurs lettres en témoignent.

B. — Résultats.

431 engagés militaires en deux ans.

Plus de 200 patronnés ont trouvé des places ou sont rentrés dans leurs familles.

La condition des autres est plus incertaine, et ils ne correspondent pas régulièrement avec la Société.

C. — Difficultés et solutions.

Pour notre Œuvre en général, la seule difficulté consiste dans le manque de ressources; aussi avons-nous été obligés de diminuer la quotité des secours :

En 1895, nous avons eu 793 patronnés nouveaux, dont 221 engagés; le secours moyen par tête était de 6 fr. 10; or, la dépense moyenne par tête, pour les seuls engagés, est de 17 francs environ.

En 1894, nous avons eu dans l'année 567 patronnés, dont 210 engagés; secours moyen, 7 fr. 22.

En 1893, nous avons eu dans l'année 307 patronnés, dont 60 engagés; secours moyen, 7 fr. 85.

Cette réduction forcée dans les secours diminue notre influence.

Mais où nous rencontrons le plus de difficultés, malgré le précieux concours de la Société de M. le conseiller F. Voisin, c'est dans les engagements militaires.

Vœux. — Nous demandons :

1° La suppression du certificat de bonne vie et mœurs, qui fait double emploi avec l'extrait du casier judiciaire, pour les engagements dans les troupes de la marine;

2° La suppression de l'autorisation du chef de corps, pour les engagements dans ces mêmes troupes;

3° Un peu plus de tolérance dans l'aptitude physique, pour les hommes ayant déjà servi, et notamment pour ceux qui demandent à engager dans la Légion étrangère;

4° Que les hommes de la classe destinés aux bataillons d'Afrique puissent s'engager *même après le conseil de révision,* ainsi qu'on le permet aux hommes pouvant s'engager dans les troupes de la marine;

5° Qu'il ne soit fait aucune distinction, soit qu'ils s'engagent, soit qu'ils soient appelés, entre les hommes ayant subi une condamnation à moins de trois mois un jour pour vol, abus de confiance, etc.

Un engagé ayant une condamnation, pour les délits ci-dessus, à vingt-quatre heures d'emprisonnement, ou même à une simple amende, est envoyé aux bataillons, et l'appelé ayant une condamnation à moins de trois mois peut servir dans tous les corps de l'armée française;

6° Que les condamnés avec sursis dans l'exécution de la peine ne soient pas envoyés aux bataillons d'Afrique.

Le Président,

P. Mauchamp.

LAVAL.

Société de patronage des condamnés libérés.

Réponse de M. E. SINOIR

A. — Définition et fonctionnement.

BUT. — La *Société de Patronage des prisonniers libérés siégeant à Laval,* fondée en 1893, a pour objet le relèvement moral et social des condamnés des deux sexes et de tous les âges. Elle accueille les libérés de toute origine et de toutes catégories, aussi bien ceux qui ont bénéficié d'une ordonnance de non-lieu, d'un acquittement, de la loi suspensive de la peine, de la libération conditionnelle ou d'une grâce, que ceux qui sont arrivés au terme légal de leur condamnation.

La Société ne patronne que les détenus qui lui paraissent dignes d'intérêt.

VISITES. — Au moins une fois par semaine, le président ou le secrétaire adjoint se rendent à la maison d'arrêt et reçoivent au greffe ceux des prisonniers qui désirent leur parler, ou que M. le gardien chef recommande particulièrement.

D'après l'âge, les antécédents, les dispositions, la situation sociale du détenu, le représentant de la Société accorde ou refuse le patronage. Mais, avant tout, il est tenu compte de l'avis émis par M. le gardien chef, lequel, étant très dévoué à l'Œuvre, se trouve ainsi naturellement notre meilleur conseiller. La Société favorise également les libérés qui lui sont recommandés par M. l'aumônier de la prison.

La maison d'arrêt de Laval n'étant pas disposée en cellules, les visiteurs s'entretiennent avec les détenus au greffe.

Deux membres de la Société, le président et le secrétaire adjoint, visitent seuls les détenus et suffisent à la tâche, vu l'effectif peu élevé de notre population pénitentiaire.

Toutefois, on pourrait souhaiter de la part des membres de la Société un peu plus d'empressement à se mettre en rapport avec les patronnés : il n'est jamais bon qu'une Œuvre se personnifie dans un homme, car, s'il vient à disparaître, tout est compromis.

PLACEMENTS. — La plus grande difficulté que nous éprouvons consiste dans le placement de nos libérés. Un directeur d'usine et un conducteur des ponts et chaussées avaient consenti à nous prêter leur concours. Ils étaient tout disposés à nous procurer un travail facile et suffisamment rémunérateur. Mais la mauvaise volonté de nos protégés leur a fait perdre courage.

Autant que possible, nous faisons engager dans l'armée les jeunes libérés. Malheureusement, ils ont trop souvent des infirmités qui les ren-

9

dent impropres au service militaire. Le recrutement, et en particulier les médecins, plus directement responsables, ne se placent, peut-être pas autant qu'on pourrait le souhaiter, au point de vue où nous sommes nous-mêmes; et ainsi, nous avons parfois le regret de ne pouvoir appliquer à des natures difficiles, mais non pas incurables, le seul remède qui les puisse guérir, la discipline du régiment.

Nous rapatrions; nous donnons des secours en argent, le moins que nous pouvons, et comme pis aller.

Nous n'ignorons pas que le seul patronage effectif est celui qui s'exerce par des relations durables établies entre le libéré et l'un des membres de la Société, et nous avons la satisfaction d'entretenir une correspondance régulière avec quelques-uns de ces malheureux, d'en recevoir d'autres chez nous tous les dimanches. Il s'en faut de beaucoup que le nombre de nos clients soit aussi élevé que dans telle Société, comme celle de Chalon-sur-Saône, qui peut être citée comme un modèle : mais nous faisons de notre mieux, et nos efforts ne restent point sans résultat.

Nous pensons que tous les Comités de patronage doivent se prêter un mutuel appui. Nous sommes tout prêts à accueillir et à aider, selon nos moyens, les libérés qui nous seraient adressés par les Sociétés similaires; nous avons nous-mêmes eu recours plusieurs fois à ce genre d'assistance, et nous ne pouvons que nous louer de la bienveillance que l'on nous a témoignée.

BUDGET. — L'an dernier, nos recettes se sont élevées à la somme de 965 francs, provenant de l'encaissement des souscriptions versées par les membres fondateurs (300 francs), des cotisations des membres titulaires (165 francs) et de la cotisation des dames du Cercle catholique (200 francs).

Nos dépenses n'ont pas excédé le chiffre de 287 fr. 95. Mais, depuis, nos secours de toute nature se sont beaucoup étendus; en même temps, l'effectif de nos membres titulaires s'est notablement augmenté : nous n'étions, pour la première année, que 116. Nous sommes maintenant 161. L'Œuvre est bien vue, en général, et semble destinée à prospérer de plus en plus.

PÉCULE. — Nous n'avons pas exigé, jusqu'à présent, la remise du pécule. La plupart de nos libérés sont des vagabonds, condamnés à de courtes peines, et le peu d'argent qu'ils peuvent gagner en prison est trop insignifiant pour que nous ayons songé à leur en demander le dépôt. Peut-être serait-il bon d'en retenir au moins une partie pour lier, en quelque sorte, le patronné au patronage.

MENDICITÉ DES ENFANTS. — En ce qui concerne la mendicité et le vagabondage des enfants, nous n'avons pas eu à prendre des mesures spéciales, ce cas ne se présentant pour ainsi dire jamais, du moins à notre connaissance. Une seule fois, nous avons été invités à nous occuper d'un enfant de quatorze ans par le Parquet lui-même, et nous avons réussi à nous attacher ce jeune garçon, qui semble désormais tiré de misère.

B. — Résultats.

Les résultats que nous avons obtenus sont assez encourageants pour que nous espérions qu'un jour viendra où nous pourrons faire plus et mieux encore.

Nous ne nous sommes occupés que de 59 libérés, parce que nous avons été fort circonspects pour nos débuts, dans la crainte que l'opinion publique ne se hâtât de tirer des conclusions défavorables au patronage.

Sur ces 59 patronnés, 18 nous ont échappé aussitôt, dont 2, qui sollicitaient un engagement militaire, ont été refusés au recrutement, l'un à cause de sa vue, l'autre pour un motif plus compliqué. Agé de vingt-six ans, il avait déjà servi dans un régiment de cavalerie, avant sa condamnation. Le recrutement n'a pu l'admettre, parce que les bataillons d'Afrique ne prennent pas de rengagés, à moins qu'ils n'aient été inscrits au tableau d'avancement de leur ancien corps (1).

Quatre libérés avaient trouvé une situation, grâce à la bonne volonté des patrons à qui nous les avions adressés; mais ils n'ont pu rester en place, et nous les avons perdus de vue.

Trois autres ont été pourvus de travail, mais nous n'en entendons plus parler.

Quatorze ont reçu des secours de route ou des vêtements et sont partis pour chercher fortune ailleurs.

Cinq ont été renvoyés dans leurs familles.

Trois ont été admis à l'Asile de Couzon et s'y sont rendus.

Trois femmes ont été placées dans des maisons de refuge. L'une d'elles étant devenue mère à la maison d'arrêt, son enfant a été recueilli par l'Assistance publique.

Un, repris, à sa libération, par son ancien patron, est parti depuis pour satisfaire au service militaire. Nous continuons de correspondre avec lui. Nous nous sommes mis en relations avec son capitaine, et les renseignements que l'on nous envoie sont excellents.

Deux seulement ont pu contracter un engagement dans l'armée, avant la conscription, et demeurent toujours sous le patronage de la Société.

Cinq sont pourvus d'un état et gagnent honorablement leur vie. Deux d'entre eux auront à se faire réhabiliter, et la Société de patronage emploiera tout le crédit dont elle peut disposer à leur en faciliter les moyens.

(1) La suppression de cette clause ne pourrait-elle pas faire l'objet d'un vœu à ajouter à ceux que M. Mauchamp, de Chalon-sur-Saône, a formulés avec tant de compétence et d'à-propos?

Enfin un est encore à la maison d'arrêt ; mais son instruction, son éducation et la situation qu'il a occupée permettent d'espérer que la Société pourra venir utilement à son secours.

C. — Difficultés et solutions.

Notre Société est trop jeune encore pour se prononcer sur les difficultés qui s'opposent au relèvement des déchus. Encore moins oserions-nous proposer des solutions à ces problèmes si complexes.

D'autre part, nous n'avons, à la maison d'arrêt de Laval, qu'un assez faible contingent de condamnés ; et la plupart ne sont là que pour de légers délits. Ce sont, en général, des vagabonds, des ouvriers sans travail, qui ont pris, très jeunes, l'habitude de courir le pays et de jouir au grand air d'une insouciante liberté. On ne se tromperait peut-être guère en disant que les pourvoyeurs ordinaires de notre prison, ce sont les sept péchés capitaux, et que chacun de ces condamnés est victime d'une faiblesse morale inhérente à sa constitution. L'un est paresseux ; l'autre ivrogne ; celui-ci a mauvais caractère, celui-là aime la débauche. Aucun n'a commis de gros crimes ni encouru de graves condamnations ; mais ils tombent toujours du même côté, du côté où ils penchent : et quelle n'est pas la difficulté de remettre d'aplomb des hommes qui penchent depuis des vingtaines d'années, dont les membres sont déviés à l'oisiveté, les énergies atrophiées, les intelligences resserrées, obscurcies ou détraquées ! Que dire à ces hommes grisonnants, acagnardés sur les chaussons de lisière, minés par le ver qui les ronge et qui ne mourra jamais ? Et que faire pour eux ?

Il est permis de penser que des trois facteurs dont se compose l'Œuvre du relèvement social : le patronage, l'embauchage et la bonne volonté du libéré, c'est le dernier qui est le plus difficile à trouver.

Telle est, du moins, l'impression que nous commençons à éprouver. Nous avons été accueillis avec bienveillance par les pouvoirs publics, reçus avec déférence par le personnel de la prison, encouragés par les approbations et les contributions des particuliers. Les chefs des grandes industries qui pouvaient donner du travail n'en ont point refusé à ceux que nous leur avons recommandés ; mais trop souvent nous avons vu nos libérés dédaigner, quoique sans ressources, les places avantageuses que nous leur offrions ou se rendre intolérables par leur indiscipline ou leurs prétentions.

Encore une fois, nous ne voulons pas tirer de conclusions prématurées, mais il nous semble bien que la principale, et peut-être l'unique difficulté du patronage, c'est l'irrémédiable débilité du caractère de ces hommes dégradés. Pour réussir à les sauver, il faudrait les grouper autour de soi, en petit nombre, les veiller de jour et de nuit, leur doser le tra-

vail, les repos, les prescriptions de toutes sortes ; purger leurs passions et fortifier leur corps ; soigner leur esprit, exercer leur volonté,
calmer leur imagination. Il faudrait les soustraire au contact du monde,
trop dur et trop brutal pour ces natures délicates.

Jadis, beaucoup d'hommes qui se sentaient trop faibles pour vivre dans
le siècle demandaient à la discipline des ordres religieux la sécurité, le
calme et le bonheur. Et, sans doute, plusieurs de ceux qu'on appelle aujourd'hui les *imaginatifs* ne viendraient pas échouer périodiquement sur
les bancs de la correctionnelle, si le progrès de leurs lumières ne les
écartaient pas de ces refuges.

Les femmes trouvent encore des asiles de ce genre, où la religion et sa
règle de morale font merveille sur les âmes viciées et corrompues. Mais
on passerait pour un revenant si l'on prétendait appliquer à de shommes
le régime des filles repenties. Il est vrai qu'il faut tenir compte de la
supériorité du sexe !

L'armée offrait naguère encore une carrière toute tracée à ceux qui ne
peuvent marcher droit qu'à condition d'être maintenus par des serre-
file.

Aujourd'hui, tout le monde doit le service militaire, et la durée de la
présence sous les drapeaux est ainsi diminuée pour tout le monde, au grand
détriment de ceux qui, incapables de se bien conduire dans la vie civile,
auraient continué de faire au régiment bonne figure de vieux trou-
piers. L'égalité des charges n'entraîne pas, malheureusement, l'égalité des
caractères. Peut-être nos pères avaient-ils raison de considérer que l'état de
soldat exige une certaine vocation, et peut-être l'incessant accroissement
du vagabondage et de la récidive tient-il à ce qu'il y a trop de vocations
de ce genre qui demeurent sans emploi.

L'homme d'un tempérament actif mais insouciant, aventureux mais
sans méthode, avide de se montrer, de faire du bruit dans le monde et
de paraître sous des couleurs voyantes, ne fera jamais un bon ouvrier. Si
vous n'en faites pas un bon soldat, il se fera tout seul vagabond et repris
de justice.

N'est-ce pas une faute d'interdire les rengagements à tant de pauvres
gens, qui se contenteraient fort bien d'un prêt modeste, pourvu qu'il leur
fût permis de porter une brisque de laine rouge et de continuer jusqu'à
l'âge de la réflexion le train-train de la caserne. On apprend bien des choses dans la vie militaire, à la longue : et l'on y prend par surcroît l'habitude de l'*ordre*, dont la notion, indispensable pour réussir dans la vie,
est si difficile à donner à ceux qui ne la possèdent pas naturellement.

On nous pardonnera d'avoir dépassé les limites où nous aurions dû
nous tenir, mais il nous a semblé impossible de répondre autrement aux
questions que l'on nous posait.

Le patronage des libérés est à l'ordre du jour : tous les honnêtes gens y viennent, ou y viendront. Mais il est à craindre que, malgré toutes ces bonnes volontés, on ne continue de voir augmenter de jour en jour le vagabondage, la mendicité, les délits et les crimes de toute espèce.

Nous aurons beau soigner et guérir par-ci par-là quelque cas intéressants : c'est une médecine timide ou aveugle que celle qui ne remonte pas à la cause du mal

Ici, nous traitons d'un mal social qui fait de terribles ravages ; et nous croyons devoir dire que les centaines de mille francs votées par les Chambres en faveur du patronage des libérés, tout le zèle de l'Administration, toute la charité des particuliers seront des remèdes insuffisants. Ils pourront faire illusion sur un point donné, ils n'arrêteront pas l'épidémie.

C'est pourquoi il faut chercher dans l'institution sociale elle-même la cause du fléau ; et, s'il s'y trouve des lois propres à peupler nos campagnes et nos villes de jeunes gens mal élevés, affranchis de toute crainte morale, inaptes par conséquent à la vie de citoyens libres, c'est un devoir de signaler ces lois et, dût-on passer pour un esprit chimérique, d'en demander la revision.

Là est le péril social. Toute entreprise particulière est impuissante à lutter contre le vice des institutions, parce que les institutions sont la forme même d'une société, et qu'ainsi la société, infiniment plus forte que les particuliers, ne cesse pas de produire au fur et à mesure beaucoup plus que les particuliers, ne peuvent détruire.

Les Sociétés de patronage courent donc grand risque de s'épuiser en vains efforts pour soutirer des bas-fonds une lie qui croit et monte sans cesse. Ce qu'il faut détruire, ce sont les germes eux-mêmes de ces ferments empoisonnés : si non, nous serons submergés, nous, nos œuvres, et toutes les bonnes volontés qui se seront groupées autour de nous.

Dupes de nos sentiments, nous aurons tenté l'impossible afin d'assurer ce qu'on appelle dans certaines écoles le *droit au travail* à des paresseux ou à des incapables, qui ne revendiquent au fond que le *droit de ne rien faire*.

Ce qu'il faut chercher, c'est, par le jeu même de l'institution sociale, l'organisation, ne disons pas d'une caste, mais d'une catégorie de citoyens, effectivement entretenus par les autres, logés, nourris, éclairés et chauffés, en échange d'un service public, qui n'exigera ni initiative personnelle, ni intelligence des affaires, ni administration régulière d'une petite fortune ou d'une petite industrie indépendante.

Au moyen âge, on entretenait ainsi en grand nombre ceux qui ne voulaient, ne pouvaient ou ne savaient faire autre chose que prier pour les autres.

Pourquoi de nos jours, dans la nécessité où nous serons d'entretenir de formidables armées permanentes, tant que les distinctions naturelles des races n'auront pas été abolies, pourquoi n'entretiendrait-on pas indéfiniment ceux qui ne peuvent rien faire de mieux que de figurer sur les contrôles et dans les rangs de l'armée ?

Détestables citoyens, parce qu'il leur faut une autre crainte que celle de la conscience ou même du gendarme, ils feront presque tous d'excellents soldats, car le vieil adage est toujours vrai : Il n'y a personne d'entreprenant comme celui qui n'a rien; et l'égalité n'y perdra qu'en apparence : l'État a besoin de serviteurs de toutes sortes, et c'est folie de vouloir exiger que tout le monde fasse le même métier. Il est bien des façons de donner sa vie à son pays, même sans payer l'impôt du sang pendant trois ou quatre cents jours sur les comptoirs de la cantine ou dans les cabarets voisins de la caserne. Enfin, il est temps de s'apercevoir, et en nous faisons tous les jours l'expérience, par l'impossibilité où nous nous trouvons de placer nos infortunés clients, que la souveraine justice est la souveraine injustice; il est temps de se rappeler aussi la pensée de Montesquieu : Les républiques démocratiques périssent par l'extrême égalité (1).

Est-ce à dire qu'il faille renoncer à l'extension du patronage, et qu'il n'y ait rien à attendre de son efficacité ? Non certes, mais il serait chimérique d'y chercher un remède contre le mal social. L'exemple d'une Société dont tous les résultats sont dus à la prodigieuse activité d'un homme charitable, comme celle que nous avons citée plus haut, n'est et ne peut être qu'un fait isolé. Assurément, ces résultats ont une inestimable valeur morale; mais leurs bienfaits ne profitent qu'à des individus. Et certes, c'est déjà beaucoup de sauver quelques malheureux, de les arracher aux entraînements du vice et de la misère. Cette œuvre est éminemment morale et, s'il est permis de le dire, parfaitement chrétienne. Elle mérite donc d'être imitée; elle est digne de tous les respects et de tous les encouragements. Mais, s'il est un enseignement à tirer de l'expérience, c'est qu'en pareille matière l'initiative des particuliers ne saurait produire qu'un bien particulier. Le mal est général : il n'appartient qu'au législateur d'y porter remède.

Le Secrétaire adjoint,
ÉMILE SINOIR.

(1) L'égalité intégrale des citoyens, dans un pays libre, ne peut avoir d'autre résultat que d'instituer une concurrence vitale effrénée, où les plus faibles tombent pour ne plus se relever. D'où le nombre sans cesse croissant des déclassés, des mécontents, des délinquants de toute sorte, et des récidivistes. On ne voit pas cette vérité en France, parce qu'elle crève les yeux.

VALENCIENNES
Comité de patronage des libérés.

Réponse de M. le Procureur de la République POULLE

A. — Définition et fonctionnement de l'Œuvre.

But. — Le Comité de patronage des libérés de l'arrondissement de Valenciennes a été fondé en 1881; pendant de longues années il n'a pas fonctionné. Réorganisé le 16 juillet 1894 par arrêté préfectoral, il a depuis lors produit des résultats satisfaisants. Il s'occupe de tous les libérés, hommes, femmes, enfants, français ou étrangers, prévenus ou condamnés. Son but est de venir au secours de tous les individus déférés à la justice, sans distinction d'origine et d'antécédents qui lui paraissent dignes de bienveillance et susceptibles d'un retour au bien. Les visites faites à la prison par les membres du Comité, magistrats, industriels, avocats, etc., ont lieu soit au parloir, soit dans les différents quartiers de la détention. Ces visites, qui doivent être aussi fréquentes que possible, paraissent pouvoir produire des effets salutaires, parce qu'elles témoignent aux détenus que, malgré leurs fautes, ils ne sont pas absolument rejetés de la société.

Budget. — Le budget du Comité se compose d'abord de 301 francs de rentes sur l'État Français, puis des subventions de l'État et de plusieurs communes de l'arrondissement.

Pécule. — La remise de leur pécule n'est pas exigée des patronnés à leur libération, parce que ce pécule est généralement très minime, les peines subies à Valenciennes étant de courte durée. Cependant et en conformité du règlement intérieur du Comité, lorsqu'un patronné contracte un engagement militaire avec prime, la presque totalité de la prime a toujours été placée en un livret de la Caisse d'épargne postale et en son nom. Les engagés volontaires qui ont bénéficié de cette mesure ont reconnu son utilité et compris que la somme placée pourrait leur être nécessaire, soit au jour de la libération, soit en cas de maladie.

Mendicité et vagabondage des enfants. — Jusqu'à présent le Comité de patronage de Valenciennes n'a pas eu à s'occuper d'une manière directe des enfants, jeunes mendiants ou vagabonds. Le Président de sa Commission de permanence a toutefois recommandé aux agents, en sa qualité de chef du Parquet, de se montrer très bienveillants à l'égard des jeunes délinquants. En ce qui concerne Valenciennes notamment, lorsque les enfants mendient ou vagabondent, les parents sont appelés au bureau de police, et en leur présence, après avoir reçu les secours nécessaires, ces enfants sont conduits à l'école. D'autres fois, lorsqu'il est bien démontré que les enfants sont amenés à comm-:t-e des délits par suite des mauvais exemples qu'ils ont sous les yeux, le Parquet introduit contre les parents des actions en déchéance de la puissance paternelle. Par ces différents moyens on arrive à diminuer dans des proportions très sensibles le chiffre des enfants traduits en justice, et par suite on sauvegarde l'avenir.

PARTICULARITÉS. — Lors de sa réorganisation en 1894, il a été décidé que le Comité de patronage s'occuperait, non seulement des condamnés libérés, mais aussi et surtout des prévenus libérés. C'est ainsi qu'à diverses reprises il a été possible d'éviter à des individus poursuivis pour la première fois, notamment pour vagabondage, une condamnation, parce qu'ils avaient consenti à contracter un engagement volontaire. L'engagement volontaire paraît être l'un des moyens les plus efficaces pour arriver à diminuer le chiffre des récidivistes adolescents et à sauver certains adultes, qui, n'étant plus astreints au service de l'armée active, consentent à être incorporés dans la Légion étrangère.

B. — Résultats.

De novembre 1895 à février 1896 :

Engagements volontaires, 10.

Placements, 5.

Individus secourus : 3.

Individus rapatriés : 1.

Soit au total : 19 patronnés.

Ce chiffre total peut paraître bien minime. Mais il convient de se rendre compte que, dans l'arrondissement de Valenciennes, les individus poursuivis en justice se divisent en deux grandes catégories :

Originaires de l'arrondissement, qui retrouvent très facilement du travail à leur libération;

Étrangers, souvent des Belges, individus presque toujours absolument perdus et incapables d'un véritable effort pour revenir au bien.

C. — Difficultés et solutions.

Le Comité de Valenciennes, à ses débuts et encore actuellement, a à lutter contre l'incrédulité et l'indifférence. Beaucoup pensent que, là où les résultats sont douteux, la lutte pour y arriver est inutile. D'autres ne se rendent pas compte de la nécessité de faire comprendre aux libérés que malgré leurs fautes et leurs condamnations tout n'est pas perdu pour eux. Enfin, certains se demandent pourquoi on chercherait à sauver des délinquants, des repris de justice, alors que tant d'ouvriers honnêtes ont besoin d'être aidés et secourus. Ces diverses opinions sont telles dans ce pays qu'il suffirait peut-être d'un événement bien minime pour faire disparaître ce qu'on a pris tant de peine à réorganiser. Chacun désirc la tranquillité de la rue, la disparition des malfaiteurs, et croit qu'il suffit pour cela d'arrêter et de condamner. Pour le surplus, on dit : à quoi bon?

Cependant il ne faut pas désespérer. Mais il est nécessaire de l'action incessante, absorbante, de ceux à qui est confiée la direction du Comité et de la propagande. Le gouvernement a montré toute sa sollicitude pour l'organisation des Comités de patronage des libérés; chaque année le Parlement inscrit au budget de l'État une somme qui est distribuée à titre de subventions Il faudrait faire plus pour arriver au succès. Des conférences organisées sous les auspices de l'*Union des Comités de patronage de France* auraient une grande utilité et pourraient créer un mouvement très sérieux en faveur de l'idée du patronage. Ces conférences, faites par les représentants les plus éminents de l'*Union*, qui porteraient la parole partout en France, seraient un encouragement et un stimulant dont les heureux effets se feraient sentir; elles permettraient aussi, par les quêtes qui les accompagneraient, d'augmenter les ressources toujours très minimes des divers Comités.

Ce qui est indispensable, c'est de lutter contre l'indifférence et l'incrédulité.

Le *Président,*
POULLE.

ÉPINAL
Société Vosgienne d'assistance par le travail.

Réponse de M. L. SCHLOSSER

A. — Définition et fonctionnement.

La *Société d'assistance par le travail* fondée dans le département des Vosges a commencé à fonctionner dès le mois de janvier dernier. Elle compte actuellement environ 300 adhérents. Elle a été érigée en société d'assistance par le travail pour étendre son action et se confondre avec la *Société de patronage des libérés*, dont la Commission de surveillance des prisons de l'arrondissement d'Épinal avait consenti à former le noyau, sur la demande de M. le préfet des Vosges.

BUT. — Notre Société s'occupe des détenus, mais seulement de ceux jugés dignes d'intérêt, ainsi que des enfants mineurs dont la conduite aurait attiré l'intervention de la justice. L'Œuvre du patronage incombe, par arrondissement, à un commissaire désigné par le Président de la Société et résidant au chef-lieu de cet arrondissement, ce qui lui permet de faire des visites aux prisonniers à l'aide d'une autorisation délivrée par l'autorité compétente. Cette visite n'a pas lieu au parloir réglementaire,

mais dans l'intérieur des locaux pénitentiaires, et au moins chaque quinzaine. Jusqu'à présent, la Société n'a pas eu à s'occuper de cette catégorie
d'individus.

Pécule. — La remise du pécule des prisonniers à leur libération n'est
pas exigée; cette mesure a même été écartée sur la demande du Conseil
d'administration, en raison de l'hésitation que pourraient manifester les
libérés à se faire patronner à leur sortie.

Mendicité. — En ce qui concerne la mendicité et le vagabondage des
enfants, aucune mesure n'a encore été prise, jusqu'aujourd'hui, pour la
prévenir ou la réprimer. La Société est de fondation trop récente et a des
besoins plus urgents auxquels elle doit parer ; cette question ne pourra
être étudiée que plus tard et qu'autant que son fonctionnement sera largement assuré.

Fonctionnement. — Quant à présent, la Société est surtout venue en
aide aux ouvriers nécessiteux sans travail qui ont montré un désir sincère de se procurer par leur travail des moyens honnêtes d'existence.
Ce mode de patronage comprend le placement dans les établissements
de travail, soit à la ville, soit à la campagne, remise d'outils et de vêtements, s'il y a lieu. Comme particularité relative au fonctionnement, nous
indiquerons la suivante : les individus se présentant au secrétariat pour
obtenir du travail sont inscrits sur un registre destiné à cet effet et sont
renvoyés à la séance suivante, c'est-à-dire à trois jours après, pour nous
permettre de recueillir les renseignements utiles sur le compte de ceux
qui sollicitent notre patronage.

Sur cinq arrondissements dont se composent les Vosges, Épinal, Mire-
court, Neufchâteau, Remiremont, Saint-Dié, ce dernier seul n'a pas adhéré
aux projets de statuts élaborés par l'arrondissement d'Épinal. La Commission de surveillance de l'arrondissement de Saint-Dié avait émis l'avis
qu'il y avait lieu de créer une société de patronage spéciale à cette région, société qui ne fonctionne pas encore et qui, actuellement, n'est même
pas sur le point de se fonder. Notre Société ne correspond donc pas avec
l'arrondissement de Saint-Dié pour les détenus de ses prisons; mais nous
espérons pouvoir d'ici peu, en raison de son isolement, englober cet arrondissement avec les autres.

B. — Résultats.

La Société a ouvert ses bureaux aux nécessiteux le 12 janvier 1896(1),
et, au 1ᵉʳ mai 1896, 60 individus s'étaient présentés pour obtenir du
travail. Sur ces 60 inoccupés, 16 n'étaient pas dignes d'intérêt, par suite
des mauvais renseignements recueillis sur leur compte; car la Société se

(1) Le secrétariat, sis rue de l'Atre, n° 1, est ouvert tous les dimanches de
dix heures à midi, les mardi, jeudi et samedi de 1 h. à 2 h.

trouve obligée, pour le moment, d'éliminer les sans-valeur en raison du peu de confiance qu'elle inspirerait dès le début aux patrons. 24 de nos assistés ont déjà été placés à ce jour. Quinze autres ouvriers, qui avaient sollicité notre protection, ont dû trouver par eux-mêmes de l'occupation, car ils ne se sont plus représentés à nos bureaux.

C. — Difficultés et solutions.

Les principales difficultés rencontrées, tant au début qu'au cours de notre fonctionnement, consistent dans le peu de débouchés que nous avons pu trouver pour le placement des « sans-travail ». La plupart de ceux-ci étaient des manœuvres ; il nous a été assez difficile de les caser, puisque les chantiers n'étaient pas ouverts encore, vu la mauvaise saison, et, d'autre part, les emplois offerts dans les établissements industriels où l'on nous demandait des ouvriers spéciaux ne pouvaient pas davantage convenir à nombre de nos assistés qui, simples manœuvres, n'étaient pas habitués aux travaux de l'usine.

Pour surmonter ces difficultés, nous avons souvent fait, par la voie de la presse, un appel à toutes les personnes qui pourraient occuper nos assistés, et nous les avons priées de vouloir bien nous faire connaître d'urgence les places ou emplois dont elles disposeraient. Nous nous sommes ainsi proposé plusieurs publications en vue de faciliter la tâche de notre Société.

A plusieurs reprises, par la voie gracieuse des journaux locaux, nous nous sommes adressés directement aux patrons en leur marquant l'utilité et l'importance de leur concours. Nous avons souvent appelé l'attention publique en signalant qu'un grand nombre d'hommes et de jeunes gens sans travail et de tous corps de métiers s'étaient présentés au secrétariat, et qu'il importe de leur assurer le travail qu'ils réclament : ce moyen d'action nous a donné des résultats déjà très appréciables. Le Conseil d'administration, ainsi qu'il est prévu par les statuts, doit se réunir au commencement du mois prochain; à ce moment, la question de l'extension du patronage et des moyens à employer pour la réussite de l'Œuvre sera soulevée et discutée d'une façon sérieuse de manière à pouvoir conserver à l'œuvre entreprise une vitalité efficace et durable.

Le 11 février dernier, j'ai reçu en faveur de notre Société un don de 100 francs que le *Comité central des œuvres du travail* a voté, témoignant ainsi de l'intérêt que lui inspire notre tentative. J'ai remercié son président, M. Jules Simon, au nom du Comité d'Épinal qui a été fort touché de ce don aussi précieux que spontané.

Le Secrétaire,
L. SCHLOSSER.

BAYONNE

Patronage des détenus et libérés

Réponse de Mme A. BERTRAND

A. — Définition et fonctionnement.

BUT. — L'œuvre du *Patronage des Détenus et des Libérés* de Bayonne s'occupe de tous les détenus en général qui sont emprisonnés à Bayonne. Son but principal est de relever leur niveau moral en les aidant, dans la plus large mesure possible, à supporter le temps de leur incarcération et en les mettant à même, à leur sortie de prison, de rentrer dans leurs familles ou de trouver un emploi, si leurs familles sont trop pauvres pour s'occuper d'eux.

FONCTIONNEMENT. — Tous les moyens sont employés pour les empêcher de retomber dans le mal et pour leur suggérer l'idée du repentir de leurs fautes passées et le désir de bien faire dans l'avenir. Les dames de l'œuvre visitent fréquemment les prisonniers et atténuent, le plus qu'elles peuvent, la rigueur du régime de la prison.

Elles trouvent un appui très réel auprès de M. Salespisse, gardien chef, et Mme Salespisse, surveillante, et, grâce à leur zèle, parviennent à aplanir bien des difficultés.

L'œuvre s'occupe non seulement des détenus français, mais encore des prisonniers étrangers. Parmi ceux-ci se trouvent beaucoup d'Espagnols, que l'œuvre arrive à rapatrier, grâce à l'aide de M. le consul, qui porte un vif intérêt à notre entreprise. Malheureusement, il n'est possible de les rapatrier promptement que lorsque leurs familles sont aisées; on les fait alors reconduire à la frontière. Mais il arrive souvent que les malheureux, appartenant à des familles pauvres, ne peuvent être renvoyés chez eux que plusieurs mois après l'époque de leur libération.

L'œuvre ne se contente pas seulement d'améliorer le sort des détenus pendant leur incarcération; elle s'occupe aussi de leur procurer des avocats, auxquels ils sont spécialement recommandés et elle obtient souvent qu'ils exécutent leur peine à Bayonne, où d'ailleurs ils trouvent les avantages de la séparation individuelle.

A leur sortie, des vêtements leur sont fournis, afin qu'ils aient une tenue décente pour se présenter chez des patrons.

Lorsque des jeunes gens arrivent de Paris ou du Centre, l'œuvre s'occupe de les faire engager, avec le consentement de leurs parents.

Les filles ne sont pas oubliées. A leur sortie de prison, elles sont l'objet d'une surveillance toute bienveillante de la part des dames de l'œuvre qui leur procurent des emplois ou les font rentrer dans leurs familles.

B. — Résultats.

Les résultats obtenus jusqu'ici sont très satisfaisants. Nous avons eu le plaisir de constater à plusieurs reprises une amélioration sensible dans l'état moral des détenus que nous avions souvent visités, pendant leur détention, et que nous avions placés à leur sortie de prison.

Nous citerons notamment deux exemples : un jeune Parisien, d'une famille honorable, ayant subi plusieurs condamnations, a fait son temps de prison à Bayonne. Grâce aux dames de l'œuvre, il a été gardé dans cette ville jusqu'au moment où on a pu le faire engager et il est, aujourd'hui, revenu à des sentiments de probité et d'honneur. Il doit son relèvement moral à notre œuvre.

Dernièrement, une jeune fille, condamnée pour vol, est rentrée dans sa famille, complètement transformée par de sages conseils et par de bonnes visites ; elle se marie ces jours-ci à Briscous, où elle habite.

L'œuvre a pu récemment rendre la paix et l'union à un ménage séparé pour adultère ; c'est une petite fille issue du mariage des deux époux séparés, qui a permis de mener à bien leur réconciliation.

C. — Difficultés et solutions.

La prison cellulaire de Bayonne ne possède pas d'instituteur ; c'est une lacune regrettable qu'il serait urgent de combler. Une leçon d'une heure par jour, faite aux détenus, aiderait puissamment l'œuvre dans ses tentatives de relèvement et adoucirait également le sort des condamnés en leur apportant une distraction intellectuelle et morale.

Beaucoup des détenus de Bayonne sont des Basques, presque tous illettrés. Il serait facile de leur apprendre au moins à lire et à écrire pendant le temps de leur détention, qui dure quelquefois assez longtemps, et on leur rendrait ainsi un réel service, qui leur permettrait de gagner ensuite plus facilement leur vie et les garantirait mieux contre la récidive, en améliorant leur état moral.

La Trésorière,
A. BERTRAND.

————

ANIANE (Hérault).

Société de patronage de la colonie d'Aniane.

Réponse de M. NAREST

A. — Définition et fonctionnement.

BUT. — La *Société de patronage de la colonie d'Aniane* existe depuis le mois de juin 1890.

Son action est limitée aux pupilles de cet établissement qui ne reçoit que des enfants envoyés en correction par application de l'article 66 du Code pénal ; elle s'étend principalement aux jeunes détenus orphelins ou à ceux appartenant à des familles sans moralité.

Visites. — La colonie d'Aniane est, comme toutes les colonies pénitentiaires, un établissement en commun ; le Directeur voit journellement les pupilles à l'atelier, sur les cours ou dans son cabinet. Les parents sont admis à visiter leurs enfants. Bien rarement les pupilles reçoivent la visite de membres de quelque Société de patronage.

Placements. — Le placement des pupilles dans cette région essentiellement viticole est très difficile. Cependant, par suite de ses relations personnelles, le Directeur parvient à en opérer de temps à autre. Quand il ne peut le faire pour certains libérés peu intelligents ou trop chétifs pour être occupés à des travaux pénibles, il demande l'appui des Sociétés de patronage du lieu de leur origine ou leur admission à l'Assistance publique de leur département.

Engagements dans l'armée. — Un certain nombre de pupilles méritants qu'on ne saurait sans danger rendre à leurs familles sont engagés dans l'armée avant ou à l'époque de leur libération.

Plusieurs de nos jeunes gens ont été engagés dans les compagnies d'ouvriers d'artillerie après un examen pratique à l'arsenal de Toulouse. C'est un avantage considérable pour ces pupilles, qui pourront se perfectionner dans les divers métiers de mécanicien-ajusteur, forgeron, chaudronnier, menuisier ou charron enseignés dans l'établissement. Il est permis d'espérer que, à leur libération du service militaire, ils trouveront facilement à s'occuper dans les ateliers de construction et pourront ainsi se créer, par le travail et la bonne conduite, une belle situation dans la vie libre.

Tous les pupilles engagés par la colonie d'Aniane ont été admis au patronage de la *Société des engagés volontaires élevés sous la tutelle administrative*. Cette Société, dont l'éloge n'est plus à faire, nous prête son concours précieux dans cette partie de notre mission.

Rapatriements et secours. — Les pupilles libérés de la colonie sont rapatriés aux frais de l'Administration. La Société n'intervient que pour les enfants placés auxquels elle donne en supplément divers vêtements de travail et, de temps à autre, des secours en espèces. Elle récompense pécuniairement les engagés par de petits mandats-poste, quand il est fourni de bonnes notes sur leur compte ou quand ils obtiennent de l'avancement.

Appui moral. — La Société correspond avec les pupilles placés ou engagés et les aide de ses conseils. En rapport constant avec les patrons, elle est tenue au courant de la conduite et du travail de ses patronnés.

BUDGET. — Jusqu'ici, le budget de la Société a été alimenté par les subventions de l'État.

PÉCULE. — Le pécule de nos jeunes gens leur est remis à leur libération. Celui des engagés est converti en livret de caisse d'épargne qui est adressé à M. le conseiller F. Voisin. Il leur est remis cependant, sur leur avoir, une petite somme pour leur permettre de parer à leurs premiers besoins en arrivant au régiment.

B. — Résultats.

Dans le courant de l'année 1895, 15 pupilles ont contracté un engagement volontaire dans l'armée; 8 ont été placés chez des particuliers; 1 a été remis à l'Assistance publique, et enfin 1 a été placé dans un asile hospitalier aux frais de son département.

C. — Difficultés et solutions.

Ainsi qu'il a été dit au début, le placement des pupilles dans la région du Midi est très difficile, le pays étant essentiellement viticole. La culture de la vigne ne demande pas un grand nombre de bras, sauf à l'époque des vendanges. Les propriétaires, fermiers ou métayers, emploient des hommes à la journée et ne se soucient nullement d'avoir des domestiques qu'il faudrait loger, nourrir, etc. Ils ne veulent pas, d'autre part, prendre la responsabilité de la garde de nos jeunes gens, dont quelques-uns n'ont pas tenu toutes leurs promesses.

Aussi comptons-nous surtout, pour l'avenir, sur les ressources des centres industriels dans lesquels nous arriverons plus facilement à placer ceux de nos pupilles qui auront terminé ou tout au moins commencé sérieusement dans l'établissement leur apprentissage professionnel.

Quoi qu'il en soit, il serait à désirer qu'il y eût dans chaque département ou dans chaque grand centre une Société de patronage pour le placement des pupilles méritants qui désirent retourner dans leur pays d'origine. Ces placements seraient, à mon avis, assez faciles par suite des relations que les membres de ces Sociétés peuvent avoir avec les propriétaires et industriels de leur région.

Le Directeur,

NABEST.

TABLE DES MATIÈRES

Angers. — Imprimerie A. Burdin, 4, rue Garnier.

Extrait des statuts de l'*Union*

ART. 2.

L'*Union* a pour but de grouper les sociétés françaises de patronage adhérentes aux présents Statuts, en vue de faire profiter chacune d'elles de l'expérience de toutes les autres, et de faciliter, par l'établissement de rapports réguliers, le placement des libérés.

Elle provoque et facilite la création d'œuvres de patronage par l'envoi de tous renseignements, documents, modèles de statuts, et, si son budget le permet, par des subventions.

Elle représente les intérêts généraux du patronage devant l'opinion et les pouvoirs publics et s'efforce de le seconder par tous les moyens en son pouvoir.

ART. 3.

L'*Union* offre son concours sans l'imposer. ELLE N'EST PAS UNE ŒUVRE DIRECTE DE PATRONAGE, mais un instrument d'information, de propagande et d'aide mutuelle. Elle n'intervient en rien dans le fonctionnement intérieur des Sociétés, qui conservent leur indépendance absolue. Celles-ci correspondent entre elles, si elles le jugent convenable, sans passer par l'*Union*.

ART. 5.

L'*Union* est administrée par un *Bureau central*.

Le *Bureau central* se tient en relations régulières avec les Sociétés adhérentes pour leur servir de lieu.

Il centralise les comptes rendus qui lui sont envoyés par les Sociétés-Membres.

Il réunit les informations techniques, législatives et statistiques, relatives à l'œuvre de patronage, tant en France qu'à l'étranger, et les publie dans le Bulletin de l'*Union*.

Il fait aux Sociétés des communications et sollicite leurs études sur les questions intéressant le patronage en général.

EN VENTE

À PARIS, 14, PLACE DAUPHINE

LE Ier CONGRÈS NATIONAL DE PATRONAGE DES LIBÉRÉS
PARIS

Ce volume contient en annexes : un *Tableau synoptique* de toutes les œuvres de patronage, classées par département et par nature un *Catalogue détaillé*, avec une note sur chaque œuvre, son histoire, son organisation, ses résultats, et une *Carte figurative* du patronage et des établissements pénitentiaires.

LE IIe CONGRÈS NATIONAL DE PATRONAGE DES LIBÉRÉS
LYON

Ce volume a mis à jour les renseignements contenus dans le précédent.

LES INSTITUTIONS PÉNITENTIAIRES DE LA FRANCE EN 1895
In-8° de 500 pages publié par la SOCIÉTÉ GÉNÉRALE DES PRISONS.

LA LÉGISLATION PÉNALE COMPARÉE
Publiée par l'UNION INTERNATIONALE DU DROIT PÉNAL.
1er VOLUME
LE DROIT CRIMINEL DES ÉTATS EUROPÉENS

ANGERS, IMPRIMERIE A. DURDIN.

www.ingramcontent.com/pod-product-compliance
Lightning Source LLC
Chambersburg PA
CBHW070758290326
41931CB00011BA/2070